1291

MÉMOIRE

ET COMPTES

RELATIFS A LA RÉUNION DES ARTISTES-FRANÇAIS

ET A L'ADMINISTRATION DES TROIS THÉATRES,

DE LA RÉPUBLIQUE, DE L'ODÉON ET DE FEYDEAU;

PAR LE CITOYEN SAGERET.

Sic vos non vobis, etc. etc.

Nota. Ce Mémoire se trouve à Paris, chez le citoyen LETELLIER, libraire, rue du Jardinet, n°. 5.

MÉMOIRE

ET COMPTES

MÉMOIRE.

Victime de l'opération relative aux trois théâtres (la République — l'Odéon — Feydeau, j'ai voulu me taire tant que mon silence a pu être nécessaire à la plupart des artistes qui ont été sous ma direction. La révélation de plusieurs intrigues et de certains secrets de comédie eût troublé ou empêché peut-être les diverses organisations qui ayant eu lieu depuis quelques mois, ont enfin rendu les moyens d'existence à plus de quatre mille individus souffrans de l'interruption, et de la clôture prolongée des théâtres.

Aujourd'hui les artistes de la rue de la Loi ont pour garant de leur prospérité leur réunion et l'avantage inappréciable de la situation de leur salle dans le quartier le plus fréquenté de Paris.

Ceux de l'Odéon trouvent des ressources et des succès dans leur activité et leur infatigable persévérance.

Ceux de Feydeau, après une longue attente, ont obtenu une administration provisoire, suffisante pour mettre leur théâtre en activité.

C'est donc aujourd'hui qu'il m'est enfin permis de parler de moi ; et ce mémoire servira de réponse à plus de quarante lettres sans signatures qui m'ont été adressées, et au rédacteur du numéro 1450 de l'*Ami des lois*, qui m'eût rendu un service essentiel en me faisant connoître l'auteur d'un écrit anonyme dont il n'a donné que l'extrait dans sa feuille du 9 fructidor de l'an 7.

Né sans la soif de l'or, mais avec l'amour du travail et la juste ambition des succès, la tempête révolutionnaire m'a forcé trois fois de changer d'état. Comme il est moins honteux de travailler que de se plaindre, et plus sûr de compter sur soi

A

que sur les autres, j'ai trois fois entrepris une nouvelle oc-
cupation, le lendemain du jour où j'ai vu m'échapper celle
de la veille. Banquier en cour de Rome, intéressé dans un
commerce de joaillerie, propriétaire et entrepreneur de
théâtres, j'ai relégué au grenier ou jeté sans regret au feu
les bulles ultramontaines, les comptes du karat de Gênes ou
d'Hollande, pour mettre dans mes cartons les manuscrits des
Ducis, Collin-Harleville, Légouvé, Picard, etc. etc., et les
partitions des Chérubini, Méhul, Lesueur, Gaveaux, Delayrac,
etc. etc. La correspondance du St.-Père a cédé la place aux
lettres des artistes de la Comédie-Française ou de l'Opéra-
Feydeau; et dans ces changemens on ne voit encore que des
roses tandis que l'on apercevra bientôt les épines.

Les amateurs de l'art dramatique gémissoient dès long-temps
de la dispersion des acteurs de la ci-devant Comédie-Française;
des intérêts divers, des guerres d'amour-propre, des opinions
politiques opposées, des persécutions dont les uns avoient
senti les effets et soupçonnoient sans doute faussement les
autres d'être la cause, tous ces motifs avoient fait passer sur
différens théâtres de Paris ces artistes précieux par leurs talens,
plus précieux encore par leur ensemble. Vainement avoit-on
plusieurs fois essayé un rapprochement désirable, tous les
médiateurs avoient échoué, et l'autorité même qui avoit un
moment voulu prendre la forme aimable de la conciliation,
n'avoit eu que le déplaisir d'une tentative infructueuse (1).

Déjà connu dans l'administration des théâtres, on me
propose de me charger de cette opération difficile; c'étoit
intéresser mon amour-propre au succès. Lié depuis quinze
ans avec tous les acteurs de la ci-devant Comédie-Française,

---

(1) Il s'agit ici d'un repas donné chez l'un des citoyens Directeurs, dans
la vue d'une réconciliation désirée entre les acteurs du théâtre de la République et ceux de la ci-devant Comédie-Française, quelques mois avant que
je me chargeasse de la réunion. On dîna d'abord, on se querella ensuite, et
l'on se quitta plus irrités que jamais.

et très-intimement avec plusieurs d'entr'eux , j'entrevis que la persuasion de l'amitié agiroit sur quelques-uns, la crainte de l'autorité sur quelques autres, et au besoin, l'appas de l'or sur tout le monde. Il ne s'agissoit donc que d'un peu d'argent et d'un peu de temps.

Il faut connoître à fond ce que c'est qu'un théâtre vu derrière le rideau, pour imaginer ce qu'il a fallu de soins, de veilles, de patience et de sacrifices de toute espèce , pour arriver au but qui m'avoit été désigné.

Le succès couronna ma persévérance : la réunion complète des artistes eut lieu pendant onze mois, tous sont passés le même jour au théâtre de la République ; et par une bizarrerie à laquelle j'étois loin de m'attendre, on a vu certains acteurs dont j'avois regardé le rapprochement comme impossible , s'unir étroitement dans leur haine pour moi, et vivre insépa-rables quand il s'est agi de s'approprier mes dépouilles.

Vainement ceux qui se sont emparés de ce bel établissement dramatique et en jouissent encore, prétendroient-ils m'ôter le plus doux souvenir qui me reste, celui d'avoir fait mon devoir et rempli exactement mes promesses en rétablissant le théâtre de la République. Combien ce théâtre avoit-il encore d'heures à exister, quand je me suis dévoué pour le soutenir? La salle étoit déserte, les recettes nulles ; le besoin de vivre avoit dispersé dans les départemens les principaux artistes ; et pour me servir des expressions d'un des acteurs sociétaires (qui ivre de joie vers la fin de pluviose, an 6, en tenant de moi son engagement, me prioit de fermer vîte le théâtre et d'y mettre des ouvriers pour la restauration de la salle) : « Chaque fois que l'on y jouoit, c'étoit une pelletée de boue que l'on se jetoit de plus sur la tête ».

Si ce théâtre, dont l'injustice et l'intrigue m'ont dépouillé, fait vivre et prospérer aujourd'hui ceux mêmes qui ont tout osé pour me perdre, qu'ils se souviennent au moins que si cet établissement dramatique existe, c'est à moi qu'ils en ont l'obligation ; mais ils savent, les ingrats ! qu'ils me doivent

A 2

de la reconnoissance, et c'est-là leur principale raison de me haïr (1).

Quel fruit ai-je retiré de toutes mes peines, de tous mes efforts ? des procès, des saisies, des contraintes, la perte de ma tranquillité (2), celle de ma fortune, celle plus doulou-

---

(1) Sans parler des Contat, des Fleury, etc. que les départemens retiennent encore et que l'hiver va rendre au théâtre de la République, si on les accueille et si on les traite comme ils le méritent, à qui ce théâtre doit-il aujourd'hui la plus intelligente, la plus vive, la plus aimable des soubrettes ? à qui doit-il cette jeune et jolie Joséphine Mézeray, que l'Amour et les Grâces ont formé pour l'emploi des coquettes ? A qui doit-il les citoyennes Fleury, Mars, les citoyens Molé, Dazincourt, Caumont, etc. ? à moi seul.

(2) A l'instant où je livre ce Mémoire à l'impression, j'apprends que d'*honnêtes gens*, très-dévoués au bien des pauvres, mettent tout œuvre pour obtenir du Bureau central une contrainte contre moi, et la sollicitent *pieusement* sous le prétexte d'une somme due à la comptabilité des indigens.

J'apprends aussi (et un procès-verbal du commissaire de police de la section Pelletier l'atteste) que le 13 vendémiaire, an 8, à onze heures du soir, un nommé Michot a accompagné et guidé un inspecteur et des gens de police dans mon voisinage pour me désigner et me faire reconnoître à l'instant où je rentrerois chez moi. Cet espionnage présageoit des mesures de rigueur. J'ignore quel a été à cet égard l'avis ou l'ordre du Bureau central ; mais voici le fait sur cet arriéré dû, qu'il est toujours aisé de présenter sous un aspect défavorable pour moi, parce qu'il est extrêmement facile de cacher les trames les plus odieuses sous le voile respectable du besoin des pauvres. C'est un moyen infaillible de surprendre la religion des administrateurs du Bureau central, et de les forcer à faire le mal quand ils ne veulent qu'opérer le bien.

Un mot sur l'arriéré dû à la caisse des indigens.

A l'époque où chargé par le gouvernement de me remettre quelques fonds pour aider à la réunion des artistes du ci-devant théâtre Français avec ceux du théâtre de la République, le citoyen Ramel, ministre des finances, ne pouvoit encore me donner que des espérances au lieu d'argent, le citoyen Porché, percepteur des deniers des pauvres (c'étoit en nivose, an 6), se trouva avec moi chez le citoyen Ramel. Témoin de l'impuissante bonne

reuse encore , d'une réputation jusqu'alors sans tache , suite
méritée d'une conduite laborieuse et irréprochable. Avec le
sentiment profond et sacré de l'honneur , on ne se croit point
acquitté pour avoir dévoilé des vols et des infamies. Toute
ma vie appartient aujourd'hui à des créanciers que je n'ai
qu'*à cause du rétablissement du Théâtre Français de la
République.* Peut-être , en se rendant à des conseils salutaires,
les nouveaux sociétaires voudront-ils m'aider à la libération de
mes engagemens ; peut-être (et je l'aimerois moins) y seront-
ils contraints par les justes réclamations de créanciers légitimes et par des circonstances impérieuses.

En attendant le secret de l'avenir à cet égard , je dois un
compte exact de ma conduite à mes amis et surtout à mes
créanciers , pour conserver l'estime des uns et des autres.

---

volonté du ministre dans le moment de gêne où me mettoient les dépenses
préliminaires nécessaires à l'opération difficile de la réunion , le citoyen
Porché , en ne perçevant pas chaque soir l'intégralité de ce qui revenoit
aux pauvres , laissa au caissier du théâtre une latitude commode ; dont
celui-ci usa.

Quelque temps après le citoyen Porché fut remplacé par le citoyen
Desmousseaux. Bientôt ce nouveau trésorier m'avertit que le caissier étoit
en retard de sommes assez fortes. Sur le champ j'allai trouver les citoyens
administrateurs du Bureau central , et d'accord avec le citoyen Desmousseaux,
nous convînmes d'un mode d'acquittement (un quart en sus de la perception
journalière), qui fut depuis suivi avec la plus grande exactitude.

Le débet d'environ 40,000 francs originairement fut ainsi réduit successivement à 16,000 francs , à quoi il fallut malheureusement ensuite ajouter
une somme d'environ 4,000 francs , pour le dixième de divers abonnemens
et locations de loges pour les trois théâtres.

Arriva la fermeture du théâtre Feydeau , et par conséquent tout acquittement fut suspendu.

Aujourd'hui un jugement rendu en première instance a accordé l'ouverture
provisoire du théâtre Feydeau à une administration à laquelle je suis parfaitement étranger.

J'ai interjeté appel du jugement , et l'affaire sera plaidée aussitôt après
les vacances , c'est-à-dire vers la fin de brumaire prochain.

Je vais mettre sous leurs yeux UN PRÉCIS expositif de tout ce qui s'est passé dans l'affaire des trois théâtres ; UN COMPTE GÉNÉRAL des recettes et dépenses relatives au théâtre français de la République et à la réunion des artistes depuis le 1er. ventôse de l'an 6, jusqu'au 1er. pluviose de l'an 7 ; COPIE EXACTE des observations communiquées le 3 ventôse, an 7, des commissaires nommés par le ministre de l'intérieur, et enfin LE TABLEAU COMPARATIF des dépenses et recettes du théâtre Feydeau, pour l'opéra seulement, pendant tout le cours de l'an 6.

Qu'arrivera-t-il ? ou je gagnerai ou je perdrai définitivement mon procès.

Si je gagne, je continuerai l'acquittement de l'arriéré avec la même exactitude que par le passé.

Si je perds, comme alors il y aura compte à faire avec les propriétaires du théâtre Feydeau pour raison d'indemnité dues, eu égard à plus de 120,000 francs de dépenses par moi faites pour la restauration de la salle, Pour cause d'un pot-de-vin payé pour la durée d'un bail de quinze années, dont il n'y a eu que vingt mois de jouissance,

A l'occasion d'un immense mobilier créé par moi en décoration et costumes, montant environ à 60,000 francs. Ces reprises assureront au Bureau central le payement de l'arriéré dû par préférence, attendu la nature de la dette, à tous créanciers qui se présenteroient.

Il est donc évident, 1°. que l'origine de l'arriéré dû ne m'est point imputable, car je n'ai jamais été ni percepteur, ni dépositaire de deniers, et la facilité accordée au caissier par le citoyen Porché a seule causé ce mal qui retombe aujourd'hui sur moi.

2°. Qu'à tout événement, l'objet dû sera payé ; et si l'on en doutoit, ce seroit un cautionnement à demander pour l'avenir.

3°. Que les administrateurs du Bureau central ne peuvent vouloir (quand même ils en auroient le droit) priver de sa liberté celui qui en a besoin pour suivre dans les tribunaux le procès qui le mettra à portée de s'acquitter.

Mais il est en même-temps certain que plusieurs de mes ennemis cherchent à me susciter des embarras toujours renaissans et à me faire mettre, s'ils le peuvent, sous des verroux, parce que les uns craignent la publicité de ce Mémoire qui démasque des fourbes et des fripons, et les autres le succès plus que probable de mon appel sur Feydeau.

J'OBSERVE AVANT TOUT :

1°. Que le déficit survenu à la caisse de l'Opéra-Feydeau pour ce genre d'exploitation seulement pendant le cours de l'an 6, et montant à la somme de 171,652 francs, est une suite nécessaire de l'opération relative au théâtre de la République. L'Opéra-Feydeau devant rester seul après la séparation des deux genres, il falloit le maintenir assez nombreux pour que l'exploitation ne fût point interrompue lorsque la comédie passeroit au théâtre de la rue de la Loi. Je ne pouvois donc y faire les économies et les réductions qui eussent été nécessaires, sans doute, pour couvrir la dépense par les recettes pendant le temps où cet opéra, quoiqu'au complet, ne jouoit que quinze jours par mois, au lieu de trente.

2°. Que pour subvenir à tant de dépenses extraordinaires, je n'ai pu me procurer *dans un très-long délai*, et avec beaucoup de peine, que 217,000 fr. de secours, tandis que j'avois demandé, avant de me mettre à l'œuvre, 360,000 fr. *payables dans l'espace de trois mois.*

3°. Que la suspension des payemens de la caisse des comptes-courans, le 28 brumaire, an 7, m'a ôté les ressources pécuniaires sur lesquelles je devois raisonnablement compter.

4°. Que malgré cet événement funeste, sans la toute-puissance de l'intrigue dans les bureaux du ministère de l'intérieur, sans la foiblesse du citoyen François de Neufchâteau, sans l'influence d'une commission nommée par lui, dont la conduite fut au moins très-légère, j'aurois conservé l'exploitation du théâtre de la République avec des réduction d'appointemens, ou obtenu (ce qui étoit au moins de justice rigoureuse en cas de la cession de mon bail de vingt-un ans) une somme annuelle ou une indemnité quelconque, payable par la nouvelle administration des acteurs sociétaires à la masse générale de mes créanciers.

5°. Que ma spoliation du théâtre de la République, rue de la Loi, a éveillé l'audace des intrigans qui ont porté le trouble dans mon exploitation du théâtre Feydeau, occasionné ce ridicule procès (la demande en résillation du bal de Feydeau), astucieusement intenté par les nommés Defays et Chignard, au nom de la compagnie dite PORTARIEU, soutenu par Chignard au moyen de faits controuvés et d'inculpations calomnieuses, et gagné enfin *par une espiéglerie très-innocente* (la soustraction d'un acte) en première instance et sauf appel, dans un des tribunaux de Paris, le 22 prairial de l'an 7.

PRÉCIS

PRÉCIS

Relatif à la réunion des Artistes Français au Théâtre de la République, rue de la Loi et à l'Administration des trois théâtres (la République, Odéon et Feydeau), par le citoyen SAGERET.

S'il est pénible de se reporter à l'époque où les sociétaires de l'ancienne Comédie-Française perdirent à-la-fois leur établissement et leur liberté, il est plus consolant de se rappeler le moment où ils furent rendus à leur art et à leurs amis. Privés de ressources, ils cherchoient au moins un asile, et le le théâtre de la rue Feydeau leur fut ouvert.

Le citoyen Chagot-Defays, alors administrateur, les accueillit ; le traité avec eux n'étoit fait que pour trois mois. Dans cet intervalle le citoyen Chagot-Defays conçut le projet de vendre, moi celui d'acheter les propriétés immobiliaires et mobiliaires du théâtre Feydeau. Germinal de l'an 3 se passa en pourparlers relatifs à cette affaire, je me procurai des fonds pendant cet intervalle. Le 3 floréal suivant, l'acte de vente fut signé, et le prix payé, conformément audit acte (1).

Le cit. Sageret achète les propriétés immobiliaires et mobiliaires du théâtre Feydeau, le 3 floréal, an 3, du citoyen Chagot-Defays.

---

(1) Je rappelle ici comme simple observation (et il sera bon de s'en souvenir, surtout quand par la suite il s'agira du théâtre Feydeau), 1°, que quoique tous les projets d'actes (et je les ai encore) portassent la garantie de tous

B

Trois mois après la signature de ce traité, une surenchère à laquelle j'étois loin de m'attendre, fut posée par le citoyen Neuville et la citoyenne Montansier. Je n'examinerai point la conduite de Defays en cette occasion, les rapprochemens qu'il chercha alors avec les surenchérisseurs, quel en fut le but, et quel fruit il en retira ; comment il persuada à quelques-uns des artistes de la Comédie-Française que mon éviction pouvoit leur être utile, parce qu'une administration nouvelle leur garantiroit en argent les traitemens stipulés en assignats lors de leurs engagemens avec moi ; comment il leur fit entrevoir à l'avance la possibilité de devenir eux-mêmes (ainsi que cela est arrivé depuis) propriétaires en partie du théâtre Feydeau, si l'on me forçoit à quitter la place. Quoiqu'il en soit,

---

dons, douaires, dettes, hypothèques, aliénations, SURENCHÈRES, et autres troubles et empêchemens généralement quelconques, le mot SURENCHÈRES disparut lors de la copie de la rédaction définitive apportée par le citoyen Defays. 2°. Qu'aussitôt après la vente à moi faite de tout le mobilier existant au théâtre de Feydeau, de très-grandes glaces originairement placées dans les deux loges à colonnes qui existoient alors à côté des balcons, furent enlevées. J'écrivis sur le champ au citoyen Defays pour l'avertir de ce vol ou me plaindre de sa mauvaise foi ; il me répondit que le tapissier avoit pu retirer ces glaces, mais qu'au surplus comme il ne falloit pas que la femme de César fût soupçonnée, il offroit de m'en remettre le prix. La femme de César a oublié de réaliser cette promesse. Mais je lui pardonnerois de bon cœur cette légère distraction, si elle n'eût été la source d'un mal plus grand, et voici comment.

Le lendemain du jour où je fus averti de la disparution des glaces, le citoyen Lefebvre St.-Maur, notaire, ami du citoyen Defays, et qui surement ignoroit cette aventure, vint me trouver. Il essaya de me prouver, et sans doute il le croyoit lui-même, qu'il étoit utile à mes intérêts d'associer Chagot-Defays avec moi, ou de le charger de l'administration du théâtre, moyennant une somme annuelle qui seroit fixée. Je répondis par l'anecdote des glaces, et repoussai durement la proposition. La conversation fut reportée à Defays ; voilà l'origine de sa haine contre moi. Chez certaines gens, l'explosion de la colère n'est autre chose que la longue méditation de la vengeance.

je me trouvai dans l'alternative pénible ou de laisser échapper l'immeuble, en consentant à la rétrocession de mon traité avec Defays, ou d'opérer ma ruine, en défendant mes droits, parce que pendant la durée du procès, la simple force d'inertie de quelques-uns des artistes de la Comédie-Française eut suffi pour entraîner la ruine de l'entreprise. La rétrocession eut lieu en fructidor de l'an 3. J'avois donné des assignats, des assignats me furent rendus, mais au total, en y comprenant un dédit de 400,000 francs que, sans les motifs précédemment expliqués, j'étois très-fondé à ne pas recevoir, vu la baisse prodigieuse du signe représentatif, je ne reçus qu'environ le quart des valeurs fournies, tant avoit été rapide à cette époque le discrédit du papier monnoie.

Aussitôt après mon éviction, la propriété immobiliaire du théâtre Feydeau, ainsi que les deux exploitations (Comédie-Française et Opéra Feydeau) furent mises en actions, sous le nom de la *Compagnie* dite *Portarieu*; ces actions créées au nombre de soixante, et au prix de 100,000 francs chacune (assignats), faisant six millions pour la masse entière. Les nouveaux propriétaires se nommèrent eux-mêmes conseils de la compagnie Portarieu, avec les prérogatives et les émolumens qu'il leur plut de s'attribuer.

Si le génie du citoyen Neuville créa ces actions, il ne profita que médiocrement de cette heureuse invention. Mes dépouilles devinrent une pomme de discorde entre lui, le nommé Chignard qui reparoîtra plus d'une fois sur la scène, Chagot-Defays, etc. etc. Pour avoir la paix, le citoyen Neuville offrit quelques sacrifices: on en exigea d'immenses, il y souscrivit; mais comme ils étoient de nature à lui donner le plus grand mécontentement, un homme de loi célèbre fut consulté par la citoyenne Montansier sur les moyens de rompre un pacte excessivement onéreux au citoyen Neuville, mais malheureusement pour lui, le nœud qui le lioit étoit fait de main de maître, et l'avis de l'homme de loi fut qu'il n'avoit d'autre parti à prendre que de se laisser saigner et de se taire.

Cette opération très-divertissante pour Chignard et Defays qui se trouvoient propriétaires d'un assez grand nombre d'actions sans bourse délier, ne l'étoit pas autant pour plusieurs actionnaires anciens du théâtre Feydeau, dont les fonds avoient originairement servi à l'acquisition du terrain et à la construction de la salle, du nombre desquels se trouvoient les citoyens Maine, Jallabert, Deumier, etc. (1).

Chignard et Defays deviennent propriétaires d'actions nouvelles, et comment.

Sans doute un rapprochement entre ces anciens actionnaires et les nouveaux eût mieux valu pour les uns et les autres, que les risques et les sollicitudes des procès. Les actionnaires nouveaux, pour assurer leur tranquillité, en opérant une liquidation désirable aussitôt après mon éviction, eussent dû peut-être proposer aux intéressés l'échange d'actions nouvelles contre les anciennes. Cet arrangement agréable à plusieurs actionnaires anciens, eût été sans contredit plus utile aux propriétaires actuels, que le don gratuit de plusieurs actions en faveur de quelques acteurs de la Comédie-Française, que Defays vouloit attacher exclusivement au théâtre Feydeau et à lui.

Réflexion sur les anciens actionnaires de Feydeau.

Quelques acteurs de la Comédie-Française obtiennent des actions de la compagnie Portarieu.

Ce ne fut pas sans étonnement que les acteurs de l'Opéra Feydeau eurent la certitude de cette munificence inattendue envers des artistes dont ils estimoient les talens, mais que le hasard des circonstances avoit récemment conduit sur un

---

(1) Une somme de 505,000 francs restoit due à ces anciens actionnaires lors de mon traité, et étoit payable de la manière portée en un acte passé entre Defays et eux par-devant Maine, notaire à Paris, les 12, 13 et 15 juin 1792 (vieux style). Si j'ai à les remercier de la confiance qu'ils m'ont témoignée lors de mon acquisition de l'immeuble, en floréal de l'an 3, je dois aujourd'hui leur répéter à tous ce que j'ai dit plusieurs fois à ceux d'entr'eux que j'apercevois souvent au théâtre Feydeau, c'est que depuis le 1er. fructidor de l'an 3, ce n'est plus avec moi qu'ils ont eu à traiter de leurs intérêts, et que c'est par conséquent à tort que l'un d'eux m'a témoigné quelque mécontentement dans une lettre qu'il m'a adressée après le prononcé d'un jugement rendu il y a quelques mois contre eux en faveur de la compagnie Portarieu, procès à la marche duquel j'ai été parfaitement étranger.

théâtre dont eux seuls avoient été jusqu'alors le soutien. Ils croyoient trop à la loyauté des comédiens français, pour imaginer qu'il entrât dans leurs vues de les faire disparoître d'un théâtre où ils avoient eu tant de plaisir à les recevoir après leurs malheurs. Mais si la probité des acteurs français les rassuroit, ils ne connoissoient point encore assez celle de l'administration Portarieu, pour compter beaucoup sur sa franchise.

Inquiétudes des artistes de l'Opéra-Feydeau.

Ils me firent part à-la-fois de leurs inquiétudes et de leur désir; ils souhaitoient une administration distincte de celle de la Comédie-Française, et prononçoient unanimement le vœu de me voir prendre les rênes de cette administration particulière.

Ils appellent le citoyen Sageret à l'administration particulière de l'opéra.

C'étoit le moment de la disparution du papier monnoie. Je proposai à tous des réductions d'appointemens, chacun y sous-crivit. Je demandai et j'obtins de la compagnie Portarieu un bail pour les jours impairs seulement ; ce bail fut de trois ans, et le prix fixé à 24,000 francs par chaque année. La compagnie Portarieu conserva l'exploitation de la Comédie-Française, et la jouissance du théâtre tous les jours pairs.

La compagnie Portarieu conserve l'exploitation de la comédie.

Alors s'établit cette concurrence utile aux plaisirs du public entre l'administration de la Comédie et celle de l'Opéra Feydeau. La partie étoit très-inégale, et je m'en aperçus bientôt. L'Opéra dont je ne pouvois plus douter qu'on ne m'eût en quelque sorte confié les derniers momens, l'Opéra négligé par la compagnie Portarieu depuis ma rétrocession, n'avoit qu'un répertoire usé. Celui si vaste de la Comédie-Française lui fournissoit, sans compter les nouveautés, plus de vingt superbes ouvrages anciens, tous renouvelés par la fraîcheur des talens et le charme de l'ensemble des artistes; le danger de cette lutte périlleuse étoit pour moi seul : il falloit tâcher d'y remédier.

Concurrence entre la Comédie - Française et l'Opéra-Feydeau. Désavantage pour l'Opéra. Le citoyen Sageret tâche d'y remédier.

Si le public voit avec plaisir sur la scène les talens des citoyennes Scio, Rolandeau, Augustine Lesage, etc. et des citoyens Juliet, Lesage, Rézicourt, Gaveaux, etc. etc., il sait aussi apprécier l'orchestre de l'Opéra Feydeau, cet orchestre dont rien n'égale l'ensemble parfait, si ce n'est le talent rare

et l'extrême amabilité de son chef ; cet orchestre, où l'honneur de son art, Frédérik (Frédéric Duvernoy), et Charles
(Charles Duvernoy), son trop modeste frère, son émule en
probité comme en succès, siégent auprès des Sallentin, des
Hugot, des Devienne, des Sorne, etc. etc. etc.

Pour mettre en évidence ces artistes chers au public, et
masquer en même temps la nullité de mon répertoire, j'an-
nonçai ces concerts fameux où une double séduction s'introduit à-la-fois par les yeux et par les oreilles, où, grâces au
charme d'une illumination brillante, la femme jeune et jolie
vient entendre à condition qu'elle sera vue, et profite d'un
spectacle enchanteur qu'elle décore en en jouissant.

L'artiste que Bordeaux vit naître, l'ami d'Apollon et des
dames, l'émule du chantre du printemps, Garat, rendu enfin
aux aimables Françaises et à ses amis, venoit de quitter l'Es-
pagne et reparoissoit à Paris. Sa réputation avoit devancé
son retour. Je le vis le lendemain de son arrivée ; je traitai
sur le champ avec lui, parce que je voulois assurer le succès
de mes concerts, et si le prix (1500 francs par chaque con-
cert) qu'il demanda et qu'il obtint a irrité quelques ennemis
de sa gloire ou de mon entreprise, ils vont savoir aujourd'hui
mon secret sur ce sacrifice pécuniaire que j'ai fait avec plaisir.
La Comédie-Française envahissoit tout ; l'Opéra Feydeau, faute
de répertoire, étoit perdu sans les concerts, et point de concerts alors sans Garat.

A peine rassuré sur la possibilité de soutenir mon exploitation particulière, je tremblai pour l'existence du théâtre
Feydeau. Le bruit alarmant de sa clôture prochaine se répandoit dans le public ; les colporteurs des journaux, précurseurs
ordinaires des orages, le semoient le soir à la porte même du
théâtre. Cette clôture eût inévitablement entraîné ma ruine,
et celle du théâtre de la rue de Louvois venoit d'être or-
donnée le 21 fructidor de l'an 5.

Il ne m'appartenoit pas d'interroger le gouvernement sur
les motifs de la fermeture de Louvois ; mais ayant eu des rela-

Concerts à Feydeau.

Engagement du citoyen
Garat.

Bruit alarmant sur la
clôture du théâtre Fey-
deau.

Fermeture du théâtre
de Louvois, le 21 fructi-
dor, an 5.

tions fréquentes avec le citoyen ex-directeur Merlin, lorsqu'il étoit ministre de la police générale, et dès long-temps avec un autre membre du directoire, à qui l'amour des arts et des sciences n'a pu tenir lieu de la dangereuse ambition des grandes places ; j'allai trouver l'un et l'autre, et leur fis part de mes inquiétudes en leur apprenant comment, depuis la nouvelle organisation du théâtre Feydeau, j'avois repris l'Opéra seulement. Ils parurent satisfaits de me voir rentrer dans l'administration de ce théâtre, me rassurèrent pleinement sur sa stabilité, mais ne me dissimulèrent pas que le Directoire verroit avec plaisir opérer dans l'enceinte du théâtre de la République, rue de la Loi, la réunion des comédiens français dispersés, les uns à Feydeau, les autres à Louvois, pour le malheur des arts et pour celui des artistes eux-mêmes.

Le citoyen Sageret fait part de ses inquiétudes à deux des membres du Directoire exécutif.

Désir de la réunion des artistes français dans le local du théâtre de la République, rue de la Loi.

Les confidences de l'autorité ressemblent quelquefois tellement à des ordres, qu'il n'est pas impossible de s'y méprendre, et d'ailleurs j'avoue franchement que la nature de l'opération désirée flatta mon amour-propre : si c'est un tort, je l'ai suffisamment expié depuis, pour pouvoir aujourd'hui me le pardonner.

Le citoyen Sageret se charge avec plaisir de cette difficile opération.

Comme il est dans la nature de l'homme de voir toujours en beau ce qui lui plaît, j'apercevois dans l'exécution de la réunion voulue la certitude de trouver dans une autorité protectrice la force suffisante pour empêcher à l'avenir la clôture des théâtres qui seroient sous ma direction, un moyen sûr de conserver aux artistes de l'Opéra Feydeau et à eux seuls l'établissement lyrique dont ils sont véritablement fondateurs, le plaisir d'éteindre entre tous les artistes français trop long-temps divisés ces haines dangereuses dont le public se plaignoit avec raison, enfin la possibilité (en réunissant sous la même administration les théâtres de la République et de Feydeau) de produire pour les amateurs de l'art dramatique des effets jusqu'alors inconnus, en embellissant par des chœurs harmonieux, et à l'aide des Méhul, des Chérubini, des Lesueur, etc. les tragédies de nos modernes Sophocles, et don-

Motifs qui le déterminent à l'entreprendre.

nant ainsi aux productions des Ducis, des Arnault, des Le-
gouvé, etc. un caractère dont les Grecs avoient le secret, et
qu'il nous est sans doute permis de leur dérober.

Telles furent les réflexions que je communiquai, à la fin de
fructidor an 5, c'est-à-dire quelques jours après le premier
entretien où il avoit été question de cette affaire, à ceux des
citoyens Directeurs qui m'avoient manifesté le désir de la réunion (1). J'expliquai comment, en obtenant de la compagnie
Portarieu la rétrocession des engagemens des artistes français
et le bail des jours pairs, je parviendrois à réunir provisoirement à Feydeau les sociétaires de la République, et quelques
artistes du théâtre fermé de Louvois, jusqu'au moment où l'on
passeroit dans le local de la rue de la Loi. J'indiquai comment
je ferois *à tous* un engagement uniforme qui deviendroit la
base réelle de la réunion; j'ajoutai qu'il y auroit des sacrifices
pécuniaires indispensables pour obtenir de la compagnie Portarieu le bail et les engagemens de ceux des comédiens français que cette compagnie avoit sous sa direction, pour vaincre
avec les artistes ou quelques difficultés d'amour-propre, ou
des difficultés plus réelles sur les emplois, ainsi que des ré-
sistances auxquelles l'incompatibilité d'opinions pourroit servir
de prétexte; que la caisse du théâtre Feydeau éprouveroit un
déficit prodigieux pendant l'intervalle où tous les artistes réunis
seroient à ce théâtre, sans que l'on pût, par le doublement du
nombre des acteurs, doubler également le nombre et le produit
des représentations et des recettes, et qu'enfin il faudroit

Le citoyen Sageret in-
dique la marche qu'il sui-
vra, les difficultés qu'il
doit rencontrer, et les
sacrifices pécuniaires qui
seront indispensables.

_____

(1) A la fin de fructidor, an 5, je communiquai pareillement mon plan
à l'un des chefs du bureau d'instruction publique au ministère de l'intérieur.
Les lettres que j'ai de lui à cette époque prouvent qu'il approuvoit parfaitement mes vues. Environ deux mois après, voulant me mettre à l'abri de
tout soupçon comme de tout reproche, quand mes dispositions furent prises
pour assurer le succès, j'écrivis aux cinq membres du Directoire; je leur
indiquai mes moyens d'exécution, et depuis cette époque chacun d'eux fut
instruit presque jour par jour da ma marche et de ma conduite.

nécessairement

nécessairement des fonds pour opérer la restauration de la salle du théâtre de la République, restauration que je regardois comme indispensable, et à laquelle je tenois beaucoup ; 1°. parce que le goût du public étant changé depuis quelques années, et l'usage de dîner fort tard s'étant introduit à Paris, les amateurs du spectacle et les femmes elles-mêmes, au lieu de choisir des places en évidence, préféroient (ce que j'avois remarqué à Feydeau depuis deux ans) des loges séparées les unes des autres, où il étoit permis de se placer sans façon et sans toilette ; 2°. parce que, malgré le grand talent de l'architecte qui avoit construit la salle de la rue de la Loi, il étoit à la connoissance des artistes français qu'elle avoit été originairement bâtie pour le grand Opéra ; que par conséquent ils la regardoient comme trop vaste pour eux, et imaginoient, ce que je croyois aussi, qu'ils s'y fatigueroient, et que leurs moyens, surtout pour la comédie, se perdroient dans l'immensité de la salle.

Motifs de la restauration de la salle rue de la Loi.

Pour les divers pots-de-vin, les avances aux artistes, le déficit de l'été, la restauration de la salle rue de la Loi, et le payement par anticipation de 60,000 francs pour la vingt-deuxième année du bail de cette salle (payement que je savois qui seroit exigé pour satisfaire aux dettes les plus préssées des artistes du théâtre de la République), je demandai 360,000 fr. payables en frimaire, nivôse et pluviôse, c'est-à-dire *dans l'espace de trois mois*, ce qui, en traitant avec des artistes et des entrepreneurs, pouvoit épargner la moitié des dépenses.

Le citoyen Sageret demande un secours de 360,000 francs.

Mes idées parurent justes, mon plan sage, mes prétentions raisonnables.

Pour arriver au but, je sollicite et j'obtiens de la compagnie Portarieu la rétrocession des engagemens des artistes français et le bail entier du théâtre Feydeau pour quinze années ; le prix du bail est fixé à 60,000 francs par année ; on demande un pot-de-vin de 20,000 francs, et le payement par anticipation de la quinzième et dernière année du bail.

Bail de Feydeau.

J'obtiens pareillement le bail du théâtre de la République, rue de la Loi pour vingt-deux années ; le prix est fixé à 60,000 fr.

C

par année ; et on exige le payement par anticipation de la vingt-deuxième et dernière année d'avance.

Le plan de la restauration de la salle de la rue de la Loi est fait par le citoyen Moreau, architecte ; il est communiqué par lui au Directoire, et porté ensuite au citoyen ministre des finances chez lequel il reste. Le citoyen Palaiseau est adjoint au citoyen Moreau pour la construction, et en deux mois le plan adopté est exécuté par eux, avec autant d'intelligence que de célérité.

Cependant un double orage se formoit ; le premier au théâtre de l'Odéon, le second, plus redoutable, au comité des commissaires de la trésorerie nationale.

Les administrateurs de l'Odéon craignoient avec quelque raison qu'un théâtre colossal élevé par mes soins n'eût la force de couler à fond leur entreprise ; pour la sauver, ils travaillent à bouleverser la mienne. La citoyenne Louise Contat, les citoyens Fleury, Baptiste l'aîné, Grandménil reçoivent les visites et écoutent les offres des citoyens Lepage et Leclerc, et pour donner une idée des propositions faites à ces artistes ; il suffit d'énoncer ici les avantages offerts à la citoyenne Contat : 24,000 francs de pot-de-vin, 36,000 francs d'appointemens par an, un engagement de deux années, et un congé de deux mois par chacune desdites deux années, et pour ajouter à ces avantages, cet engagement étoit cautionné par un notaire de Paris, dont la solvabilité ne paroissoit pas douteuse.

Que ceux qui raisonnent sur tout et ne se mêlent de rien, qui disent sans cesse : je m'y serois pris ainsi, j'aurois fait cela, et croisent tranquillement leurs jambes et leurs bras pendant toutes ces belles réflexions, s'étonnent aujourd'hui de l'énormité des appointemens que j'ai été obligé de donner aux artistes. Comment soutenir la concurrence de gens qui hasardent tout et ne risquent rien ; car telle étoit la position des administrateurs de l'Odéon, qu'ils n'avoient pas de moyens suffisans pour réussir, tandis qu'ils en avoient assez pour paralyser ou désorganiser toute mon opération. Mais après tout, une vérité que je tiens pour constante, c'est que les traitemens considérables accordés aux Contat, aux Devienne, aux Molé, aux Talma, aux Fleury, aux Dugazon, ne sont jamais la cause de la ruine des entreprises théâtrales, parce leurs noms sur l'affiche font la recette, mais que les établissemens dramatiques périssent par la surcharge de gens inutiles, et la mauvaise volonté ou l'ambition ridicule de la médiocrité toujours exigeante, jalouse, soupçonneuse et récalcitrante.

Je me rapprochai des administrateurs de l'Odéon ; je fis d'abord avec eux un acte qui avoit à peu près le caractère d'une société, et suffisoit au moins pour les empêcher de me nuire ; je leur proposai ensuite, et ils acceptèrent un bail pour trois années, moyennant la rétribution du dixième des recettes. On saura bientôt comment ce bail m'échappa le 29 pluviôse an 7, comme on a su à la fin de ventôse suivant l'affreux événement de l'incendie de l'Odéon.

Arrangement et bail avec les administrateurs de l'Odéon.

Possesseur du bail du théâtre Feydeau, de celui de la République, et de celui de l'Odéon, après avoir fait contracter aux artistes des engagemens uniformes qui les obligeoient à *jouer au théâtre Feydeau, ou à tel autre théâtre qui seroit utile aux vues de l'entreprise*, il s'agissoit de distribuer et utiliser leurs talens de la manière la plus convenable aux vues du gouvernement, et en même temps, autant que faire se pouvoit, à l'avantage particulier des artistes.

Uniformité des engagemens des artistes réunis.

On trouvera ci-après le TABLEAU de tous les acteurs composant le théâtre Français :

NOMS des Artistes composant le Théatre Français.

TRAGÉDIE. Citoyens.		COMÉDIE. Citoyens.	
Premiers rôles....	St.-Prix. Talma. Baptiste aîné. Dorsan.	Premiers rôles....	Molé. Fleury. St.-Fal. ** les 2 genres. Baptiste aîné. ** Dorsan. **
Jeunes Premiers..	St.-Fal. Damas. Dupont. Drouin.	2es. Amoureux...	Damas. ** Drouin. ** Dupont. ** De Vigny. Armand. Barbier.
Pères et Rois.....	Monvel. Vanhove. Naudet. la Cave. D'Egligny. Desroziers.	Pères nobles.....	Monvel. ** Vanhove. ** Naudet. ** D'Egligny. ** La Cave. **
Tyrans.............	Duval. Chevreuil.	Raisonneurs.......	Duval. ** Varennes. ** Florence. ** Marsy.
Confidens...........	Florence. Vareannes. Barbier. Coste. Berville.	Financiers, Manteaux, Grimes et Paysans.....	Grand-Ménil. Caumont. Gérard. Michot. Habert. Bellemont.
Citoyennes.		Comiques...........	Dazincourt. Dugazon. La Rochelle. Champville. Dublin. Baptiste jeune. Picard.
Reines et premiers rôles forts......	Raucour. *(pensée d'engagement.)* Vestris. Thénard. Fleury.	Utilités............	Valleville. Marchand.
Princesses.........	Vanhove. Simon. Desroziers. Turbot. Patrat.	**Citoyennes.**	
		Grandes coquettes et Amoureuses.	Louise Contat. Vanhove. ** les 2 genres. Mézerai. Simon. ** Desroziers. ** Delisle. Turbot. **
Confidentes.........	Suin. Molé d'Alainville. Baptiste, femme. Dublin, femme. Beffroy. Cécile Baptiste.	2es. Amoureuses, Ingénuités, et rôles d'enfans..	Mars. Hopkins. Cécile Baptiste. ** Beffroy. ** Berville.
		Mères nobles et Caractères......	Raucour. ** Vestris. ** Suin. ** Baptiste, femme. ** La Chassigne. Molé d'Alainville. **
		Soubrettes..........	Devienne. Emilie Contat. Molière. Desbrosses. Dubois. Clément.

Nota. Tous ces artistes sont engagés pour jouer au théâtre Feydeau, ou tel autre théâtre qui sera utile aux vues de l'entreprise. Ce n'est qu'une seule et même société dramatique, dont la division se fera à la volonté de l'administration et selon la plus grande utilité du service, tant au théâtre de la rue de la Loi, qu'à ceux de l'Odéon et de Feydeau.

Une lettre au Directoire exécutif, dont je joins ici copie, va donner connoissance d'un plan proposé pour l'organisation d'un seul théâtre français, moyennant un service de quelques jours par décade à l'Odéon, et une seconde comédie au théâtre Feydeau.

Lettre aux citoyens Directeurs Rewbel, Barras, Merlin, Reveillère-Lépeaux et François de Neufchâteau, le 9 thermidor an 6, c'est-à-dire après cinq mois de réunion complète au théâtre Feydeau.

Citoyens Directeurs,

« Vous m'avez honoré de votre confiance, vous m'avez accordé votre appui; la seule façon de vous témoigner ma reconnoissance est de mériter de plus en plus votre estime.

La réunion voulue est faite depuis plus de cinq mois dans le local du théâtre Feydeau. Les artistes du théâtre de la rue de la Loi reprennent à un établissement vraiment national, la place et la faveur dues à leurs talens; et le théâtre de la République, dont la restauration avance, va s'ouvrir incessamment avec toute la splendeur qu'il mérite. Votre but principal est rempli, citoyens Directeurs; mais puisque je le dois à votre protection bienveillante, ce succès est plutôt votre ouvrage que le mien.

Après avoir opéré cette réunion nécessaire des acteurs du ci-devant théâtre Français, accueillis passagèrement au théâtre Feydeau avec ceux que le hasard des circonstances avoit fait passer au théâtre de la rue de la Loi, il falloit peut-être s'occuper de quelques autres artistes dispersés sur divers théâtres, qui obtenant déjà à juste titre les suffrages du public, le consoleront un jour, quand le temps qui détruit tout, fera disparoître des modèles précieux, dont il seroit douloureux de tracer ici les noms. Les citoyens Saint-Fal, Saint-Prix, Dorsant, Defigny, le citoyen Picard, estimable au double titre et d'auteur et d'acteur; les jeunes citoyennes Simon, Desroziers, Hopkins, etc. etc. méritent une attention particulière.

Ces artistes, jeunes encore, font l'espérance de la scène française, et leur talent est en quelque sorte une propriété nationale qu'il faut bien se garder de laisser échapper.

Il est malheureusement à craindre, citoyens Directeurs, vu le petit nombre de très-grands talens actuellement existans, que deux théâtres français, l'un à l'Odéon, l'autre à la rue de la Loi, ne puissent pas se soutenir d'une manière brillante. Que seroit en effet la tragédie à l'Odéon, si la citoyenne Raucourt n'y étoit pas ; et que deviendroit la comédie au théâtre de la République, si la citoyenne Contat et le citoyen Molé ne s'y trouvoient plus ? Trouvons une nature d'organisation qui offre également dans la tragédie et dans la comédie l'ensemble le plus parfait ; étonnons le voyageur étranger, en lui montrant le théâtre français de la République ; multiplions les jours pour le soulagement d'une entreprise hardie, mais sûre, malgré les énormes prétentions pécuniaires de quelques artistes, lorsqu'on ne craindra plus à l'avenir le danger de la concurrence avec une administration rivale ; offrons aux gens de lettres soixante-douze représentations au moins par mois, et essayons de vivifier, sous les yeux mêmes du gouvernement, un quartier qui, peut-être aujourd'hui trop foible pour alimenter un théâtre, fournira néanmoins quatre recettes par décade, si l'on a soin d'y donner des représentations variées par le genre et soignées pour la distribution des ouvrages.

Voilà, citoyens Directeurs, ce que j'ai l'honneur de vous proposer :

Le théâtre françois, rue de la Loi, sera complet tant pour la tragédie que pour la comédie.

Pour ne perdre aucun des artistes dont les talens peuvent être agréables au public, le théâtre Feydeau conservera une seconde comédie qui jouera concurremment avec l'opéra comique qui s'y trouve.

Le théâtre de l'Odéon sera desservi par l'administration des théâtres Feydeau et de la République, et utilisé de la manière suivante :

Le DUODI, l'opéra comique du théâtre Feydeau.

Le QUARTIDI, la comédie du théâtre de la République.

Le SEXTIDI, (peut-être concerts l'hiver).

Le OCTIDI, la comédie du théâtre Feydeau.

Le DÉCADI, la tragédie du théâtre de la République.

Chaque matinée pourra servir aux leçons de l'école dramatique, et les jours impairs aux fêtes nationales, banquets civiques et distribution des prix du Conservatoire.

Veuillez, citoyens Directeurs, jeter les yeux sur les tableaux que je joins ici, et sur les notes étant au bas de ces tableaux. Le favori et le protecteur des arts, le citoyen François de Neufchâteau, en a connoissance; j'attends ses avis et vos ordres ».

Salut et respect. *Signé* SAGERET.

Ce plan fut écarté, 1°. par la difficulté de l'ambulance, surtout à cause des femmes ; 2°. par le désir d'alimenter le faubourg Germain, en y mettant un établissement dramatique fixe qui y feroit un service journalier.

Après le rejet de ce plan, je divisai le théâtre Français en deux sections qui, pour l'avantage de l'art dramatique, et conformément au vœu prononcé des gens de lettres, pouvoient jouer tout et tous les jours. D'après les tableaux ci-joints, on apercevra, au premier coup d'œil, que la tragédie (répertoire ancien) étoit plus forte à l'Odéon, et la comédie plus brillante au théâtre de la République, qui pourtant offrant dans la tragédie la citoyenne Petit, les citoyens Monvel, Talma, Baptiste l'aîné et Damas, possédoit sans contredit dans son ensemble plus de talens marquans, que l'on n'en voyoit au théâtre de l'Odéon, d'où il est évident (et je le fais remarquer ici, pour répondre à quelques calomniateurs qui ont voulu me faire un crime auprès du gouvernement de l'établissement de deux théâtres), d'où il est, dis-je, évident que le but principal du Directoire pour le rétablissement et la splendeur du théâtre de la République, étoit toujours parfaitement rempli.

Division d'un seul théâtre Français en deux sections.

THÉATRE FRANÇAIS.

DIVISION	DIVISION
DU THÉATRE DE LA RÉPUBLIQUE.	DU THÉATRE DE L'ODÉON.

Citoyens.	*Citoyens.*
Molé.	St.-Prix.
Fleury.	St.-Fal.
Talma.	Grandménil.
Monvel.	Naudet.
Dugazon.	Dorsan.
Dazincourt.	Dupont.
Vanhove.	La Cave.
Baptiste aîné.	La Rochelle.
Caumont.	Picard.
Bellemont.	Devigny.
Damas.	Florence.
Drouin.	Marsy.
Champville.	Cherreuil.
Michot.	Habert.
Desroziers.	Baptiste jeune.
Armand.	Varennes.
Degligny.	Barbier.
Duval.	Valleville.
Gérard.	
Dublin.	
Coste.	
Berville.	
Marchand.	

Citoyennes.		*Citoyennes.*	
Vestris.	Émilie Contat.	Raucourt.	Molière.
Louise Contat.	Desbrosses.	Fleury.	Beffroy.
Devienne.	Hopkins.	Simon.	Cécile Baptiste.
Vanhove.	Turbot.	Thénard.	Dubois.
Mézerai.	Patrat.	Desroziers.	Clément.
Mars.	Baptiste, femme.	Molé d'Alainville.	Berville.
Suin.	Dublin, femme.	Delille.	
Lachassaigne.			

Nota. Aux termes des engagemens, l'Administration avoit le droit d'appeler les artistes d'une division à l'autre, ainsi que cela est arrivé aux cit, St.-Prix, La Cave, Grandménil, La Rochelle, &c.

Tandis

Tandis que je m'occupois de tous les moyens de succès, le plus efficace de tous me manquoit. Pas un écu de reçu sur les 360,000 francs demandés comme secours indispensable. J'avois dû croire que l'on me feroit mettre en bons décadaires, ou payer en arriéré d'impositions pour une somme convenue d'ordonnances ; un mur d'airin s'éleva devant moi à la trésorerie nationale. L'un des commissaires (le citoyen Defermont) m'expliqua très-clairement pourquoi la trésorerie ne pouvoit accorder ce que j'avois tant de motifs pour obtenir. J'aperçus dans le commissaire inflexible l'ami des arts, qui souffroit de ne pouvoir leur être utile en secondant mes vues ; et pour la première fois peut-être, celui qui n'accordoit rien, fut plus douloureusement affecté que celui qu'il refusoit.

Difficulté d'obtenir les secours nécessaires.

La ressource pécuniaire sur laquelle j'avois compté venant à manquer, il falloit s'en procurer une autre, et je m'en occupois sérieusement, quand un de mes amis me fit trouver avec le citoyen Verninac qui offrit de me fournir les fonds que je demandois, si le ministre des finances le secondoit dans une liquidation importante qu'il avoit des motifs d'accélérer. Une lettre adressée par l'un des directeurs au ministre, fit donner au citoyen Verninac et à moi une prompte audience. Dès la seconde entrevue, on convint de tout ; mais, ce qu'on aura peine à croire, cinq mois entiers s'écoulèrent, et plus de quarante rendez-vous, les uns à six heures du matin et les autres à onze heures du soir, furent donnés par le ministre sans qu'il terminât complétement l'affaire qui d'abord paroissoit ne souffrir aucune difficulté.

Offres du citoyen Verninac.

Touché de la position difficile où il me voyoit, comptant d'un moment à l'autre sur la réalisation des promesses du ministre, le citoyen Verninac me fit donner dans l'intervalle de cinq mois (ventôse, germinal, floréal, prairial et messidor) divers à comptes ; mes effets en échange des sommes reçues, sont encore entre ses mains, et l'on peut en vérifier les dattes. J'ignore s'il a terminé ou non sa liquidation ; mais quant à ce qui me concerne, c'étoit pendant le cours des trois mois de fri-

Divers à comptes donnés par lui.

maire , nivôse et pluviôse que j'avois demandé le versement
entier des 360,000 francs qui m'étoient nécessaires pour entreprendre ; et au commencement de ventôse je n'avois encore reçu que 18,000 francs.

Il falloit une réputation aussi intacte qu'étoit la mienne ,
pour appeler la confiance, et n'être pas arrêté, faute d'argent,
dans la marche hardie de la réunion.

Énumération des dé-
penses indispensables.

Donner à plusieurs acteurs des pots-de-vin ou avances ,
pour déterminer leur assentiment ; payer à Feydeau pendant
cinq mois de l'été le plus brûlant et par conséquent le plus
funeste aux recettes, dix acteurs sociétaires du théâtre de la
République, et trois venus de Louvois ; fournir de décade
en décade des à comptes aux divers constructeurs et ouvriers
employés aux travaux de la salle, pour hâter le moment de son
ouverture ; satisfaire en même temps aux dépenses ordinaires
pour le service du théâtre Feydeau, qui n'étoit en quelque sorte
qu'un port neutre où toutes les religions et toutes les nations
se trouvoient ensemble : telle étoit la tâche que j'avois à rem-

Le citoyen Sageret
emprunte des sommes
considérables.

plir. J'ai puisé (et je sais seul combien je m'en repens aujour-
d'hui) des sommes très-fortes dans la bourse de mes parens
et amis ; j'ai souscrit pour plus de 80,000 francs d'effets ,
parce que j'avois le crédit dû à la probité. La réunion voulue
et opérée a duré, sous ma direction, depuis ventôse de l'an 6
jusqu'au 7 pluviôse de l'an 7, et eut été solide comme le théâtre
lui-même, si le désir de m'expulser pour hériter de toutes mes

La réunion dure onze
mois sous sa direction.

dépenses n'eût dès long-temps fermenté dans certaines têtes,
ou si, lors des discussions entre quelques artistes et moi, élevées dans les derniers jours de nivôse, le ministre François
de Neufchâteau se souvenant de mes longs et pénibles travaux
dont il avoit été sans cesse le témoin, m'eût rendu justice et
prêté le moindre appui.

Plus de quinze ouvrages de l'ancien répertoire, montés dans
cet intervalle par les citoyens Molé et Monvel, Fleury et Talma,
Dazincourt et Dugazon, ainsi que par les citoyennes Contat,
Petit, Vestris, Devienne, etc. ; la mise au théâtre du drame de

Falkland, celle de la tragédie de Charles IX, dans laquelle le citoyen Saint-Prix, qui étoit de la division du théâtre français à l'Odéon, joua le *cardinal de Lorraine* ; la brillante reprise du Bourgeois gentilhomme, où cette bonne et franche Nicole Bellecourt vint au milieu de ses camarades mettre le sceau à cet amalgame précieux, afin que tous les talens parussent à-la-fois dans le même cadre : tout a prouvé pendant plus de onze mois le succès complet de mes soins, et quand, en fructidor de l'an 6, j'en reçus la plus douce récompense, en voyant se lever le rideau du théâtre français de la République au milieu des applaudissemens réitérés d'une foule de spectateurs forcés enfin de croire à ce qu'ils appeloient le prodige de la réunion, j'étois loin d'imaginer, ce dont j'ai eu depuis la triste certitude, que l'on s'occupoit déjà sourdement de me ravir cet établissement, et que cinq mois après il ne me resteroit que l'étonnement d'être abandonné par un ministre, la douleur de voir des ingrats s'emparer audacieusement de mon entreprise, et la honte de manquer à des engagemens sacrés, après avoir été injustement dépouillé de mon exploitation et de mes ressources.

Le théâtre français de la République fut ouvert le 19 fructidor de l'an 6.

Le théâtre de l'Odéon fut ouvert le 8 brumaire de l'an 7, environ deux mois après celui de la rue de la Loi.

L'ouverture du théâtre Feydeau eut lieu le lendemain, 9 du même mois, après cinquante-cinq jours de clôture, pendant laquelle on fit à la salle des changemens nécessaires (1), et

Ouvrages joués pendant cet intervalle par les acteurs réunis.

Ouverture du théâtre de la République, le 19 fructidor, an 6.

Ouverture de l'Odéon le 8 brumaire, an 7.

Ouverture de Feydeau le 9 brumaire, an 7.

____

(1) Cette restauration eut lieu sur les dessins et sous les ordres des citoyens Legrand et Molinos, architectes, que je me fis un devoir comme un plaisir d'appeler, parce qu'ils avoient originairement construit le théâtre Feydeau. Deux plans me furent soumis. Dix à douze jours de clôture suffisoient pour l'exécution du premier. Le deuxième exigeoit plus de temps et plus de dépenses, mais il faisoit disparoître les deux grandes loges à colonnes et le grand arc que le public proscrivoit depuis long-temps. Il donnoit de plus à l'avant-scène un degré de grâce et en même-temps de solidité

des embellissemens qui ont été généralement approuvés. On verra par la suite quel fruit j'ai recueilli de ces améliorations.

Situation du citoyen Segeret au 10 brumaire, an 7.

Le 10 brumaire an 7, ma tâche étoit remplie, et les trois théâtres ouverts. J'examinai alors mes charges et ma position pécuniaire.

Je restois chargé du bail du théâtre de la République, rue de la Loi, du bail de l'Odéon, du bail de Feydeau et de l'administration de ces trois théâtres.

Divers pots-de-vin et avances avoient été payés (1) ; de forts à comptes avoient été donnés aux entrepreneurs et ouvriers (2), ainsi qu'à différens fournisseurs (3). On avoit acquitté pour environ 22,000 francs d'honoraires d'auteurs ; et malgré l'exigüité des sommes lentement versées par le citoyen Verninac, dévorées à fur et à mesure par les besoins urgens du moment, et surtout par le payement des appointemens énormes et multipliés auxquels il avoit fallu satisfaire, autant que possible,

Les trois théâtres doivent 390,000 francs.

au milieu de l'été (4), les trois exploitations, lorsqu'elles se trouvèrent distinctes et en pleine activité, ne devoient que 390,000 francs.

Le mal ne me parut point incurable ; pour y remédier, je formai un emprunt pour la libération des trois théâtres. Deux cents actions, du prix de 2000 francs chaque, furent créées ; elles étoient remboursables dans le délai de quatre années par la voie du sort, à raison de quinze actions par trimestre ; l'intérêt de l'argent porté à demi pour cent par mois seulement,

———

qui devoit être à-la-fois agréable au public et utile aux propriétaires de la salle.

J'adoptai ce dernier plan, en observant au citoyen Molinos, devant plus de dix personnes, que ce qui m'y déterminoit étoit la durée d'un bail de quinze ans que je tenois de la compagnie Portarieu.

(1) Cet objet monte à 180,558 fr. (voyez page 90 du compte général).

(2) Cet article monte à 94,232 fr. (voyez page 96 du compte général).

(3) Cet article monte à 40,742 fr. (voyez page 93 du compte général).

(4) J'ai payé dans le cours de onze mois 320,069 francs en appointemens seulement (voyez page 88 du compte général).

mais avec l'avantage pour les prêteurs d'entrées personnelles, ou de portions de loges aux trois théâtres pendant les quatre années de la durée de l'emprunt.

Un prélèvement journalier, réparti sur chacune des recettes des trois théâtres, assuroit le remboursement. Un banquier de Paris, connu par sa probité, comme par sa fortune (le citoyen Fulchiron), vouloit bien être séquestre des fonds affectés au remboursement, et plaçoit à lui seul dans le cercle étendu de ses connoissances le tiers des actions créées, avant même que mon projet fût connu dans le public.

Le prospectus commençoit à se répandre depuis quelques jours, et toutes les probabilités favorables se présentoient, quand un événement imprévu vint détruire mes espérances et anéantir sans retour la possibilité de l'emprunt. Un coup affreux est porté au crédit public comme aux fortunes particulières ; Fulchiron et ses nombreux amis songent plutôt à leur honneur qu'à leurs plaisirs : la caisse des Comptes courans est fermée le 28 brumaire de l'an 7.

Avec une conscience pure et le désir d'opérer le bien, on n'est point abattu par un revers ; l'on s'ingénie au lieu de se plaindre. L'espoir de l'emprunt vient de s'évanouir, je m'attache à l'idée d'un abonnement aux trois théâtres pour les députés du Corps législatif seulement.

Je m'abstiendrai de peindre ici l'utilité de ces abonnemens sous le rapport politique ; ma profession de foi à cet égard est consignée dans la lettre que j'écrivis aux inspecteurs des salles des deux Conseils. Mais sans entrer dans ces détails, je demande à chacun des représentans du peuple si, en venant de temps en temps le soir à l'un des trois théâtres se délasser des travaux que sa mission lui impose, il ne lui eût pas été doux de se dire à lui-même : une opération utile a été faite ; celui qui a eu le courage de l'entreprendre et de la terminer à travers mille obstacles, alloit être victime de son dévouement aux arts ; le trésor public ne pouvoit le secourir, parce que les affaires doivent passer avant les plaisirs ; eh bien ! sa juste

[marginalia:] Emprunt pour la libération des trois théâtres.

[marginalia:] Il échoue, et pourquoi.

[marginalia:] Abonnement du corps législatif aux trois théâtres.

libération a été l'ouvrage des deux Conseils. C'est ainsi que sans parler des théâtres de l'Odéon et de Feydeau, chaque représentant du peuple a la satisfaction d'avoir personnellement coopéré au rétablissement du théâtre français de la République.

L'abonnement des deux Conseils, au prix modéré de 200 fr. par chaque abonné, faisoit une somme annuelle d'environ 140,000 francs ; de sorte que, par ce moyen seul et sans toucher en aucune façon aux recettes journalières, la totalité des dettes disparoissoit en trois années (1).

Qui croiroit que des scélérats ont eu l'audace d'empoisonner cette mesure ? C'est dans le sanctuaire même des lois qu'ils ont osé faire circuler le mensonge ; c'est là qu'ils m'ont représenté comme un homme de mauvaise foi, un déprédateur déhonté, un intrigant faisant ressources de tout, pour préparer une disparution fructueuse. Les imposteurs ! ils nommoient les complice de ma fuite et désignoient la quotité de la somme que je dérobois, disoient-ils, à mes créanciers (2).

Calomnies atroces.

(1) Ces abonnemens n'auroient-ils pas eu l'inconvénient de priver les gens de lettres d'une portion de leurs honoraires d'auteurs ? non, sans doute : car, 1°. les abonnemens du Corps législatif eussent été les seuls, et le nombre eut été déterminé. 2°. Les 140,000 francs qui en provenoient, assimilés aux locations de loges à l'année, auroient fourni par chaque jour, avant la levée du rideau, une somme d'environ 400 francs, sur laquelle les auteurs eussent perçu leur droit comme sur la recette faite dans les bureaux.

(2) On ne se contenta pas de me calomnier presque dans l'enceinte du Corps législatif : ce moyen réussissoit mal ; on fit plus. Pendant l'intervalle ou après l'ouverture du théâtre français de la République, uniquement occupé de la restauration de la salle de Feydeau, je discontinuai d'aller presque chaque soir au Directoire, comme je le faisois précédemment lorsque je rendois compte de ce qui se passoit relativement à la réunion ; on profita de mon absence pour, auprès des plus intimes amis des Directeurs, et auprès des Directeurs eux-mêmes, attaquer ma conduite et ma moralité.

On me supposa des relations d'intérêts avec des hommes perdus de mœurs et de réputation, que l'on ne nommoit pas ; des intimités et de folles dépenses avec deux femmes que l'on désignoit finement. L'une avoit reçu de moi des diamans et des bijoux ; l'autre, beaucoup d'or, et un service o, o, plus

Si la vraisemblance manquoit à ces ridicules imputations, ces bruits répandus suffirent pour paralyser cette mesure utile, et c'est ainsi que de deux moyens d'acquittement sur lesquels je pouvois compter sans imprudence (l'emprunt et les abonnemens du Corps législatif), l'un m'échappa par le hasard des circonstances, l'autre par la perfidie de quelques intrigans. Ce dernier malheur en présageoit d'autres pour l'avenir.

Ce moyen d'acquittement échappe.

Obligé alors, à mon grand regret, de m'aider d'une partie des recettes journalières des trois théâtres pour satisfaire à des créanciers pressans, le mécontentement des artistes éclata bientôt, et si ce fut surtout au théâtre de la République, on en devine aisément la cause.

Nécessité de prendre sur les recettes journalières pour le payement des dettes urgentes.

Tout administrateur de théâtre qui doit à ses pensionnaires a tort, et je conviens avant tout de cette vérité. Quand il contracte, il doit réfléchir avant de donner sa signature. Libre alors de fixer le prix annuel de l'engagement (1), qu'il apprécie le talent, l'utilité et surtout. . . surtout. . .! la probité de celui avec qui il traite; s'il s'est trompé, tant pis pour lui; il doit, il faut qu'il paye. Si cette conséquence rigoureuse est

d'argenterie montant, disoit-on, à 30,000 francs. On répandoit aussi le bruit que j'avois acheté trois maisons sous le nom de ma femme, une superbe terre et une verrerie sous celui de mon père; et comme on donnoit l'apperçu à peu près vrai des recettes, en ajoutant que je n'avois *jamais* payé personne, on prêtoit une apparence de vérité à ces atroces imposture. Ce Mémoire et mes comptes sont chargés de répondre à tout, et particulièrement au citoyen Gomel, neveu, homme de loi, qui s'est permis de dire il y a environ six semaines, chez le citoyen Péan St.-Gilles, notaire, où se trouvoient par hasard deux de mes créanciers, que j'avois mis à part des sommes considérables, qu'il en étoit très-certain et qu'il devoit en savoir quelque chose, puisqu'il étoit conseil des comédiens français sociétaires au théâtre de la République. Je prie le citoyen Gomel, neveu, de vouloir bien, dans un des prochains numéros du Journal de Paris, me fournir publiquement la preuve de cette assertion.

(1) J'observe que la concurrence avec les administrateurs de l'Odéon ne m'auroit pas laissé originairement la liberté de fixer convenablement le prix des engagemens de certains acteurs; et si l'on veut connoître aussi par quels

juste, il ne l'est pas moins de dire que si un directeur doit
de l'argent à ses pensionnaires, ils lui doivent aussi les moyens

---

moyens ma volonté se trouva quelquefois passée ; il suffira de lire la lettre
suivante, adressée au citoyen Directeur Merlin, le 9 ventose, an 6, et
qu'il me fit passer le lendemain avec la sienne, ainsi conçue :

« Je transmets et recommande à la justice du citoyen Sageret, la lettre
ci-jointe du représentant du peuple Chénier, relative à la citoyenne Vestris ».

10 ventose, an 6.   Signé MERLIN.

Citoyen Directeur,

« Permettez-moi de recommander fortement à votre justice l'artiste estimable et célèbre qui vous remettra ce billet : c'est la citoyenne Vestris,
actrice tragique du théâtre de la République. Elle est digne de votre bienveillance, et je la réclame en sa faveur.

Personne n'ignore l'intérêt que vous avez bien voulu prendre à l'utile réunion des artistes du théâtre de la République avec ceux du théâtre Feydeau ;
mais vous êtes trop juste et trop ami des convenances, pour vouloir qu'une
telle réunion se fasse en humiliant et en vexant les artistes d'un théâtre
qui par un patriotisme courageux a mérité la haine des royalistes et s'est
vu menacer long-temps pendant la réaction. La citoyenne Vestris est dans
le très-petit nombre des fondateurs de ce théâtre. Pour le fonder, elle a
fait d'immenses sacrifices ; et c'est à raison de ses sacrifices connus alors,
que lui passé l'engagement qu'elle a contracté. Elle n'en réclame pas un
nouveau, elle demande seulement qu'il ait son plein effet (1). Cette demande
est de toute justice. Il suffiroit pour l'appuyer, citoyen Directeur, il suffiroit, dis-je, d'un mot de vous au citoyen Sageret, qui fait une affaire
assez considérable pour ne pas abuser de la circonstance où il se trouve, et
forcer une artiste aussi digne d'estime à signer sa ruine complète (2). La
citoyenne Vestris vous expliquera plus en détail l'objet de sa réclamation.
Elle connoît tout votre mérite et votre esprit de justice. Elle désireroit et
je sollicite pour elle un moment de votre attention. Elle vous sera présentée
par le citoyen Palissot, littérateur illustre, qui vous aime et qui a reçu de
vous des marques de bienveillance qu'il n'oubliera jamais.

Je saisis avec empressement, citoyen Directeur, cette occasion nouvelle
de vous témoigner l'estime profonde et l'attachement inviolable que je vous
ai consacrés.   Signé Marie-Joseph CHÉNIER,

Le 9 ventose, an 6.   Représentant du peuple.

(1) L'engagement dont il est ici question étoit de 36,000 francs par an.
(2) L'engagement que j'offrois à la citoyenne Vestris étoit de 15,000 francs par an.

de s'acquitter (1). Ces moyens sont dans l'exercice de leurs
talens, et il est faux que les acteurs ayent le droit de fermer
aujourd'hui le théâtre, quand leurs efforts ou le succès d'une
nouveauté les peut tous payer demain. C'est pourtant ce qui
est arrivé le 7 pluviose, an 7, au théâtre de la République.
Mais n'anticipons pas sur les faits, et pour faire apercevoir
avec quel acharnement on a cherché à me chasser, voyons
quel fut le prétexte de la rupture.

Une assemblée générale des artistes fut convoquée dans le
grand foyer du théâtre français de la République, vers le
milieu de nivose dernier.

Je n'y allai pas, parce que le lénitif universel, le grand *Assemblée générale des*
conciliateur, l'argent enfin manquoit, et que, d'après mon *artistes français.*
caractère et mes principes, c'étoit en en distribuant à tout le
monde qu'il eût fallu commencer la conversation ; on eût
ainsi étonné et déjoué bien des gens. Un notaire de mes amis,
devoit se rendre à cette assemblée avec un homme de loi,
connu et généralement estimé des acteurs ; une indisposition
grave survenue à ce dernier, l'empêcha de s'y rendre ; il y fut
remplacé par un homme exercé dans les affaires de théâtre,
parce qu'il est depuis long-temps conseil du citoyen Neuville
et de la citoyenne Montansier. Je le priai d'accompagner le
notaire, et de se charger de donner connoissance à l'assemblée des propositions raisonnables dont l'administration désiroit, mais ne commandoit pas l'admission. Une phrase qui *Prétexte de rupture.*
lui échappa à la suite d'un discours fort sage, fut le signal
de la guerre ; elle irrita surtout les citoyens Monvel, Baptiste
l'aîné, Dazincourt et Michot : je l'appris avec regret. Au

---

(1) Un mois environ avant la clôture du théâtre de la République, j'avois
prié la citoyenne Contat de jouer la *Belle-Fermière*. — Un ouvrage en cinq
actes de l'auteur de *Robert* étoit distribué. — Les *Précepteurs*, dont le
succès ne pouvoit être douteux, et un autre ouvrage posthume de Fabre
d'Eglantine alloient être mis en répétition. Fleury m'avoit promis de remettre
le *Séducteur* ; il n'en falloit pas tant pour qu'avant trois mois l'arriéré fût
payé et que l'administration fût en bénéfice.

E

surplus cette phrase indiscrète servit merveilleusement le parti qui vouloit secouer le joug de la direction.

Rien ne peut mieux faire connoître quelles étoient alors mes intentions que la copie d'une lettre au ministre de l'intérieur, en date du 20 pluviose, an 7, avec le tableau des réductions demandées, et la transcription des propositions faites par moi aux artistes du théâtre français de la République, le premier pluviose suivant.

Copie d'une lettre du citoyen Sageret au citoyen ministre de l'intérieur, François de Neufchâteau, le 20 nivose, an 7.

Citoyen ministre,

Après la réunion dès long-temps faite à Feydeau, et l'installation dans la nouvelle salle de la République, j'ai eu l'honneur de vous remettre le tableau de la dépense qu'a nécessité cette opération, comme aussi la note des foibles secours que j'ai pu me procurer. Vous avez vu par la récapitulation que je suis à découvert de sommes très-considérables.

Pour ne point importuner le gouvernement par de nouvelles demandes, et arriver au but proposé, j'ai usé de mon crédit et de mes ressources, afin de me procurer tous les fonds nécessaires à l'achèvement de la restauration des salles de la République et de Feydeau.

Après l'ouverture de ces salles, l'idée d'un emprunt présentant des chances avantageuses aux amateurs des théâtres, fut celle à laquelle je m'arrêtai ; je vous communiquai mon plan à cet égard, mais l'événement du 28 du mois de brumaire dernier, et la suspension momentanée des payemens de la caisse des Comptes courans détruisirent cette mesure sur laquelle je devois compter pour ma prompte et sûre liquidation.

Aujourd'hui j'ai cherché et trouvé dans l'exploitation même des ressources dont je crois à propos d'user, et je vous en fais part.

Obligé à des sacrifices immenses, lors de la conciliation des artistes, ces sacrifices véritablement dûs au rare mérite de quelques-uns, ont servi de bases aux prétentions ridicules de plusieurs autres. C'est ainsi qu'à cause de l'arrangement de 24,000 francs consenti pour les citoyens Molé et Fleury, le citoyen Baptiste l'aîné a demandé 20,000 francs pour lui, et 8,000 francs pour sa femme; c'est ainsi que, parce que la citoyenne Devienne avoit 20,100 francs, le citoyen Dazincourt en a exigé 19,500, quand il n'a aucun frais de toilette dans son emploi.

Les appointemens mérités de la citoyenne Contat ont pareillement autorisé la demande de la citoyenne Vestris qui, quand elle ne rend que peu de services à l'administration, est portée cependant aux appointemens énormes de 20,000 francs.

Pour remédier à ce désordre destructif de l'opération, et assurer à la longue la liquidation des dettes, et dès à présent le succès de l'entreprise, le sort des auteurs, et la durée d'une réunion voulue par le gouvernement, et utile à l'art dramatique, j'offre aujourd'hui aux acteurs un tableau d'appointemens basé sur le mérite ou leur utilité indiqués par l'opinion publique, et par une expérience de plusieurs mois.

Proposition de réfecte des d'appointemens.

Le seul remède au mal existant est l'adoption de la mesure que je propose.

Le public qui voit avec quelque déplaisir les prétentions exagérées de plusieurs artistes, me saura peut-être gré d'avoir tranché le mal dans sa racine; et les gens de lettres, exactement payés de leurs honoraires qui ne doivent être qu'un dépôt entre les mains des caissiers, n'auront plus à se plaindre un seul moment d'un retard que rien n'excuse, si ce n'est peut-être l'avidité des acteurs.

Je vous remets, citoyen ministre, les tableaux comparatifs; je les confie à votre estime, j'ai presque dit à votre amitié : veuillez, citoyen ministre, me continuer votre confiance, c'est un encouragement d'ont j'ai besoin.

Salut et respect. *Signé* SACHRET.

Suit le Tableau des Artistes et de l'aperçu des dépenses
à l'avenir, moyennant la réduction proposée.

NOMS DES ARTISTES.	APPOINTEMENS		OBSERVATIONS.
	ACTUELS.	PROPOSÉS.	
Molé..	24,000	18,000*	
Fleury..	24,000	18,000*	
Baptiste aîné.	18,000(1)	12,000	
Talma..	15,000	15,000*	
Dazincourt.	19,500	12,000	
Dugazon.	15,000	12,000	
Monvel.	15,000	10,000	
Damas..	15,000	10,000	
Vanhove..	15,000	10,000	
Michot.	15,000	8,000	
Champville.	6,000	6,000	
Caumont.	15,000	10,000	
Dégligny.	10,000	6,000	
Gérard..	4,500	4,500	
La Rochelle.	13,000	9,000	
Drouin.	8,000	6,000	
Bellemont.	5,000	3,600	
Dublin..	4,000	4,000	
Armand.	7,000	7,000	
Duval.	6,000	6,000	
à reporter.....	254,000	187,100	

(1) Si la lettre porte 20,000 francs et le tableau 18,000, c'est que le citoyen Baptiste a touché en avances et sans reprises une somme de 6,000 fr. Son engagement étoit des trois ans : c'étoit donc en effet 20,000 francs par chaque année.

| NOMS DES ARTISTES. | APPOINTEMENS | | OBSERVATIONS. |
	ACTUELS.	PROPOSÉS.	
Report......	254,000	187,100	
Berville.	3,000	3,000	
Desroziers.	10,000	4,000	
Coste.	3,600	3,600	
Marchand.	2,000	2,000	
Laplace, secrétaire.	1,800	1,800	
Noel, sous-secrétaire.	1,800	1,800	
Louise Contat.	30,000	18,000*	
Raucourt (1).	24,000	18,000*	
Devienne.	20,400	16,000*	
Mézerai.	18,000	15,000	
Suin.	8,000	6,000	
Lachassaigne.	8,000	6,000	
Emilie Contat. . . .	10,000	8,000	
Desbrosses.	8,000	6,000	
Mars.	10,000	10,000	
Turbot.	8,000	8,000	
Petit.	15,000	15,000	
Vestris.	20,000	10,000	
Baptiste, femme. . .	8,000	3,000	
Dublin, femme. . . .	4,000	3,000	
Patrat.	3,000	3,000	
Hopkins.	4,000	4,000	
TOTAL des appointe-mens des artistes...	474,600	352,300	

(1) L'engagement de la citoyenne Raucourt n'est point entre mes mains ; mais un blanc-seing de sa part a été remis à l'un des citoyens Directeurs.

RÉCAPITULATION.

Appointemens des Artistes. . . . . 352,300.

Orchestre. . . . . 22,000.

Employés aux postes. . . . . 12,700.

Balayeurs. . . . . 4,360.

Garde militaire , pompier , costumier , garçons de
théâtre , machiniste , perruquier , etc. . . . 45,586.

Illumination. . . . . 23,100.

Loyer de la salle. . . . . 60,000.

                                          520,046.

Les objets pour mémoire (1) évalués à. . . . . . 100,000.

      TOTAL de la dépense par année. . . . 620,046.

                  par mois. . . . . . 51,670.

                  par jour. . . . . 1,722.

Propositions faites par le citoyen Sageret aux artistes du théâtre français de la République , et communiquées au citoyen ministre de l'intérieur , le 1er. pluviosa , an 7.

1°. A compter du premier pluviose, an 7 ; les recettes du théâtre français de la République seront uniquement consacrées à l'acquittement des dépenses de ce théâtre.

---

(1)   *Détail des objets portés pour mémoire.*

Impôts et patente.

Honoraires d'auteurs (cet objet doit être porté à environ 50,000 fr.).

Fournisseurs.

Caissier.

Régisseur.

Gratifications et dépenses imprévues. (Les artistes dont les noms sont marqués * pourront obtenir des gratifications).

Frais d'administration.

2°. On préférera sur la recette journalière, et chaque soir, l'impôt des pauvres, les parts des auteurs, les frais d'affiches, le luminaire, le loyer, les gardes et les pompiers.

3°. Les appointemens des artistes, ainsi que ceux de l'orchestre, le traitement des employés, postes et ouvriers, seront payés de mois en mois, d'après les états qui seront remis aux commissaires dont sera ci-après parlé. L'excédent libre des recettes sera employé à l'acquittement de tout l'arriéré qui peut être dû, et au marc la livre.

4°. La recette sera déposée, à compter dudit jour premier pluviose, entre les mains du citoyen Decormeille, caissier, qui s'est rendu personnellement responsable.

5°. Pour assurer l'exécution du présent arrangement, le citoyen Sageret renonce à tout droit quelconque sur la totalité des recettes, à compter dudit jour premier pluviose, à l'exception de l'abonnement du Corps législatif, ou d'une somme de 150 francs par jour, s'il convient de faire cesser cet abonnement ; ladite réserve d'abonnement ou de somme fixe étant faite pour l'acquittement des créances particulières du citoyen Sageret, relatives au théâtre.

6°. Il sera nommé par les artistes quatre commissaires choisis par eux, qui veilleront à ce que la recette tant à la porte qu'en locations et abonnemens se fasse avec exactitude et fidélité ; ces commissaires seront autorisés à faire le répertoire en assemblée générale, et à prendre toutes les mesures convenables pour son exécution et la mise d'ouvrages nouveaux.

7°. La feuille de recette sera chaque soir signée par un ou plusieurs commissaires, et ils seront tenus d'en conserver un double ; il sera fait mention sur le *verso* de cette feuille des prélévemens et frais mentionnés dans les articles 2 et 5 ci-devant.

8°. Le présent arrangement tiendra à l'égard des artistes sans qu'ils puissent s'en départir jusqu'au payement total de l'arriéré, bien entendu que le citoyen Sageret pourra le faire cesser quand bon lui semblera, en acquittant tout ce qui sera dû aux artistes, tant en courant qu'en arriéré.

Signé SAGERET.

La majorité des artistes vouloit-elle changer l'organisation du théâtre? Non, sans doute.

Si la majorité des artistes du théâtre de la République eût sérieusement voulu être organisée en société et à part, il ne ténoit qu'à elle de manifester ses intentions ; c'étoit une affaire à traiter avec moi ; et pourvu que les nouveaux sociétaires eussent voulu prendre les moindres arrangemens relatifs à mes créanciers , rien n'eût été plus facile que de disposer de ma volonté, elle eût été sur le champ celle des artistes ; mais quelques personnes trouvoient plus simple de me laisser les dettes et de me chasser. C'est ce que n'auroit pas dû souffrir un homme de lettres , connu par des succès multipliés, et

Cause de l'acharnement et de l'audace de quelques mécontens.

qu'il me seroit pénible de nommer ici quand j'ai à m'en plaindre. Consulté par ceux sur lesquels tomboit une réduction juste et nécessaire, il n'avoit qu'un mot à dire pour tout calmer, mais il ne l'a pas dit. Dès-lors le plus léger signe d'approbation de sa part a encouragé les mécontens ; et quand il a crû devoir, pour l'avantage de l'art dramatique ou pour tel autre motif que je ne puis deviner, protéger l'*établissement d'un théâtre spécial*, il n'a pas aperçu qu'il consommoit ma ruine et dépouilloit des créanciers légitimes dont les droits étoient aussi sacrés que respectables.

Le citoyen François de Neufchâteau intervient dans les débats entre les acteurs et le cit. Segett.

Comme les effets ordinaires des querelles entre l'administrateur et les artistes sont le désordre au théâtre et la nullité du répertoire, le public fut bientôt dans la confidence de nos débats, le Directoire s'en aperçut et fit signe au ministre de l'intérieur d'y jeter les yeux.

Telle est la malheureuse destinée de l'homme en place, qu'il ne peut échapper aux diverses séductions qui l'entourent, ni au malheur de commettre involontairement des injustices ; telle est aussi quelquefois la distraction de l'homme d'esprit, qu'à l'instant où il veut opérer le bien, un mot hasardé produit un effet contraire à son intention.

Le citoyen François de Neufchâteau va fournir un nouvel exemple de cette double vérité.

Deux conférences eurent lieu chez lui entre les artistes du théâtre de la République et moi. La première qui eut lieu le le 3 pluviôse an 7 se passa en explications réciproquement franches, et eut pu finir par un rapprochement malgré les intentions hostiles de la minorité des acteurs, quand en parlant du tableau de réduction que je lui avois remis le 20 nivôse, et trouvant les résultats convenables, le ministre proposa une autre mesure qui présentoit à l'administration les mêmes avantages. Il adoptoit la quotité de la réduction, mais il en changeoit seulement le mode et diminuoit à chacun un quart sur la totalité de ses appointemens. C'étoit porter le doigt à l'arche, c'étoit atteindre et frapper les acteurs les plus chers au public et par conséquent les plus utiles, c'étoit, sous la forme apparente de l'égalité, consacrer l'inégalité la plus révoltante.

Première conféren chez le ministre.

Mode de réductio d'appointemens indiq par lui.

Dans ce systême, le citoyen Desroziers qui ne jouoit jamais restoit à 7,500 francs d'appointemens, tandis que le citoyen Talma et la citoyenne Petit n'étoient qu'à 11,250 francs; le citoyen Dugazon restoit à 9000 francs, tandis que la citoyenne Vestris étoit à 15,000 francs, etc. etc. Qu'arriva-t-il? aussitôt après cette première séance chez le ministre, et malgré un second rendez-vous donné chez lui pour le lendemain, Talma et la citoyenne Petit, dans la nuit du 3 au 4 pluviôse an 7, se jetèrent dans une chaise de poste et partirent pour Bordeaux. Bientôt trois ou quatre principaux acteurs en firent autant, et telle a été la véritable cause de la dispersion subite et momentanée des premiers artistes que d'*honnêtes gens* ont eu la bénignité de m'imputer.

Quel en fut l'effet.

Le second rendez-vous chez le ministre fut plus funeste pour moi que le premier. Les artistes avoient amené avec eux un défenseur célèbre, le citoyen Belard; il n'aborda et ne traita que cette question : *le citoyen Sageret doit-il de l'argent aux acteurs?* il prouva l'affirmative que j'étois loin de nier. O vous qui avez pu entendre quelquefois à l'audience le citoyen Belard et applaudir à son éloquence entraînante et persuasive, jugez, en partant de ce point (qui n'étoit pas le seul à examiner), quel dût être son avantage et quel fût le danger de ses conclusions

Deuxième conféren chez le ministre.

Le cit. Belard, homm de loi, y est amené p les artistes.

F

pour moi. Le citoyen François de Neufchâteau, jugea comme
le président d'un tribunal, il oublia un moment qu'il étoit
ministre.

Si le ministre m'abandonnoit, si le juge me traitoit avec
rigueur, l'homme de lettres eut dû se souvenir que blessés
dans leur amour-propre, les hommes ne sont pas ordinairement généreux, que les acteurs surtout sont très-irascibles
en pareil cas, que c'étoit avec lui que j'avois eu les premières
conférences relatives à la réunion, que je lui avois rendu
compte de tout presque jour par jour quand il étoit membre du
Directoire, que nous avions prévu ensemble de fortes difficultés que j'avois su vaincre ; le passé sembloit devoir me
répondre de sa confiance et de son appui pour l'avenir (1).

Aujourd'hui, au fond de sa retraite, il souffre peut être

_____

(1) Aussitôt que le seul désir du maintien de la réunion m'eût fait donner
ma démission provisoire du 13 pluviôse, an 7, qui, vu les réserves y portées,
ne pouvoit aucunement nuire à mes créanciers, l'astuce et l'audace s'empa-
rèrent des avenues qui conduisoient au cabinet du ministre.

Dans un projet d'arrêté qu'on lui soumit dès le lendemain 14, on osa
changer la nature même de ma démission ; le ministre confiant ne pût s'en
apercevoir. Voilà comment étoit rédigé un des articles de cet arrêté, qui
devoit passer à la signature du directoire quatre jours après : « L'Administration Intérieure du théâtre de la République est placée sous la surveillance
du Gouvernement ; le citoyen Sageret EST DÉCHU DE TOUS DROITS A,
CET ÉGARD, VU SON DÉSISTEMENT.

Un chef des bureaux du ministre, épouvanté de l'influence de l'intrigue,
et effrayé des conséquences qui pouvoient en résulter contre moi, demanda
au ministre la permission de me communiquer au moins ce projet d'arrêté
entièrement rédigé au gré de ceux qui vouloient ma ruine.

Le ministre permit sur le champ que la communication me fut donnée ;
et signa même une autorisation à cet effet. On me fit venir ; je pris lecture
du projet. Indigné, j'allai de suite chez le ministre et lui remis une note,
dans laquelle je demandois qu'au lieu de ces mots perfides : Le citoyen
Sageret est déchu de tous droits, d'après son désistement, on mit, conformément à la vérité, Le citoyen Sageret renonce PROVISOIREMENT à tous
droits, d'après son désistement.

Le ministre, toujours juste quand il n'étoit pas trompé, apostilla ma rédu mal qu'il m'a fait ; il se reproche d'avoir présenté au Directoire trois arrêtés rédigés moins dans son cabinet que dans ses bureaux, dont les deux premiers me coûtent ma fortune. et attaquent mon honneur, dont le troisième pouvoit compromettre ma liberté. Il est rentré dans le rang des citoyens ordinaires, je ne veux rien lui reprocher. Ministre, il a eu le sort trop ordinaire des gens en place, il a été étourdi par les intrigans qui bourdonnoient autour de lui.

Mais si l'excuse du ministre est dans le tourbillon qui l'entraîne, où est celle des membres d'une commission nommée par lui et qui devoit éclairer sa justice, où est celle du citoyen

clamation à l'instant même (*j'offre de la produire*) et mit au bas, de sa propre main : *J'adopte volontiers le changement.*

Instruits bientôt de cet événement et de la rectification faite au projet d'arrêté d'après ma demande, mes ennemis ne marchent plus à découvert. Ils activent secrètement leurs sollicitations dans les bureaux, obtiennent à mon insu l'arrêté du 29 pluviose, qui m'expulse de la salle de l'Odéon, dont l'exploitation fructueuse alors pouvoit m'être d'un grand secours, se glissent auprès de la commission nommée par le ministre, empêchent que j'y sois appelé pour me défendre, entourent adroitement le citoyen François de Neufchâteau, prennent le plus grand soin de m'éloigner de lui ; et depuis ce jour 14 pluviose, malgré divers rendez-vous demandés, plusieurs lettres écrites (1) et des tentatives multipliées pour le rejoindre, je ne pus apercevoir le ministre que dans les fatales matinées des 22 et 23 floréal, lorsque sacrifiant mes créanciers et moi, il prit en son nom le bail du théâtre français de la République.

Moyens employés pour perdre le cit. Sageret.

(1) *Extrait d'une lettre du 13 germinal, an 7.*

J'ose vous assurer pour la dernière fois, citoyen ministre, que le coup-d'œil sur mes comptes a été jeté trop rapidement ; qu'il n'y a eu ni examen de pièces, ni débats contradictoires avec moi, et qu'il est affreux, dans la position où je me trouve, de perdre à-la-fois ma fortune, mon crédit et ma réputation qui me reston pour seule ressource.

Extrait d'une lettre du 25 germinal, an 7.

On empoisonne mes intentions les plus pures ; il y a sans cesse du fiel et du venin contre moi dans cette malheureuse affaire. Je recommande à la justice du Gouvernement et à la vôtre ceux des créanciers si légitimes de cette entreprise, auxquels il ne m'a été possible de donner que des à-comptes en attendant des réglemens définitifs. Je vous supplie encore aujourd'hui, citoyen ministre, de me faire donner la copie et la date d'un rapport fait (dit-on) par les commissaires nommés par vous, rapport dont il est très-juste que j'aye communication.

Mahérault, professeur des écoles centrales, et nommé (à ce, qu'il m'a dit, quoiqu'il ne me l'ait jamais notifié) commissaire du Directoire auprès du théâtre de la République, et par suite auprès du théâtre de l'Odéon ? Je vais la transcrire ici, citoyen Mahérault, cette lettre du 28 ventôse an 7, écrite par vous au ministre de l'intérieur le lendemain du jour où un ex-juge de paix nommé Martin, proscrit depuis pour avoir servi d'instrument à des arrestations arbitraires. . . . . . vous pâlissez. . . décerna le mandat d'arrêt qui me fit mettre au Temple où je restai pour cause de l'incendie de l'Odéon. Cependant l'incendie de l'Odéon eut lieu le 28, et mon mandat d'arrêt étoit daté du 27 ; convenez donc ou que l'on avoit deviné l'incendie de cet édifice, ou qu'au moins cet événement désastreux ne servit que de prétexte.

Rapprochement de dates à expliquer.

Vous lirez dans un moment cette lettre, et mes réponses seront en regard. Voyons d'abord ce qu'a fait la commission.

La commission étoit composée de trois membres, les citoyens ***, *** et ***.

Nomination d'une commission.

La commission m'a demandé mon compte relativement au théâtre de la République (*voyez* page 85).

Le premier ventôse, le lendemain du jour où elle me l'a fait demander, je lui ai porté ce compte et toutes les pièces à l'appui (1). La commission s'est emparé du compte, n'a pas

_____

(1) Devois-je véritablement un compte ? non sans doute ; car d'après la rigidité des commissaires de la trésorerie (*voyez* page 25), nulle somme sortie du trésor public ne m'avoit été remise. Le citoyen Verninac m'avoit aidé de ses deniers, mais il avoit mes effets en échange de ses fonds. Telle étoit notre position respective, quand ne songeant qu'aux créanciers et ne désirant rien tant que le plus grand jour sur toute ma conduite, je provoquai moi-même cet examen dans ma démission provisoire du 13 pluviose, an 7, antérieurement à tout arrêté du Directoire. Voici la teneur de cette démission :

Démission provisoire donnée entre les mains du citoyen ministre de l'intérieur, le 7 pluviose, an 7.

« Je soussigné désirant par divers motifs d'intérêt général, que l'avantage de l'art dramatique et les plaisirs du public ne soient pas compromis par les différends élevés entre les artistes du théâtre français de la République et

regardé une seule des pièces, m'a dit que je pouvois les rem-
porter jusqu'à nouvel ordre. Je les ai toutes déposées sur le
champ et avant de rentrer chez moi chez le citoyen Tiron, *Les commissaires n'exa-*
notaire à Paris, rue Denis, n°. 43, où depuis personne n'en *minent aucune pièce.*
a demandé communication. La commission n'a donc rien exa-
miné ni en recette ni en dépense.

. La commission m'a demandé le 2 ventôse un compte moral
de ma conduite et l'application particulière des fonds donnés
par le gouvernement.

Je lui ai remis dès le 3 un extrait de mon compte général
qui devoit remplir ses vues (*voyez* page 98). Depuis ce jour *Quel fut le résultat du*
je n'ai plus entendu parler de la commission ; jamais elle ne *travail de la commission.*
m'a mandé, jamais elle ne m'a interrogé contradictoirement
avec qui que ce soit. J'ai su depuis, à mon grand étonnement, qu'elle avoit donné son opinion au lieu d'un rapport,
rapport qui n'eut dû être fait qu'après un examen sérieux, et
que cette opinion (peut-on le croire?) avoit servi de motif à
un arrêté surpris au Directoire, et que l'on a gardé comme
un poignard avec lequel on pouvoit m'assassiner au besoin.

Qelle est cette conduite obscure de la commission? à qui
donc obéissoit-elle, et qui m'avoit ainsi désigné pour victime ?
S'il vous faut des prisons, des fers, des cachots, réjouissez-
vous, *hommes atroces*, le 28 ventôse arrive, les élémens se

moi ; souhaitant surtout que la réunion des artistes voulue par le Gouvernement et opérée par mes soins, existe à l'avenir sans aucune cause ou
aucun prétexte de dissolution ; instruit que l'intention du Gouvernement
est de donner provisoirement à cet établissement un régime intérieur sous
la surveillance du Gouvernement, déclare renoncer provisoirement à l'administration intérieure du théâtre français de la République, à compter de ce
jour, me réservant de solliciter la prompte vérification des comptes que je
dois au Gouvernement, comme aussi le droit de suivre dans les tribunaux
les contestations élevées entre les artistes et moi, et de poursuivre contre
qui il appartiendra les indemnités dues à raison des créances relatives à la
restauration de la salle du théâtre de la République et à la réunion d'artistes
y opérée. A Paris, ce 13 pluviose, an 7.

Signé SAGERET.

Incendie de l'Odéon. déclarent pour tous et contre moi, en un quart - d'heure l'Odéon est réduit en cendres et je suis au Temple.

Le citoyen Sageret est conduit au Temple, le 29 ventôse. Ce fut le 29 ventôse, à deux heures du matin, que l'on me jeta dans cette maison d'arrêt, après que l'on eut emporté de chez moi divers cartons remplis de papiers et surtout de renseignemens relatifs aux exploitations des trois théâtres. Le dépouillement de ces papiers est un vrai rapport apologétique de toute ma conduite.

Interrogé à la police générale, le 2 germinal, je devois sortir le lendemain. Moi, incendiaire ! et de l'Odéon ! (1)

Le 4, le 5, le 6 se passent, point d'ordre de sortie. Une

_____

(1) Le feu de l'Odéon a dévoré pour 20,000 francs d'effets mobiliers qui m'appartenoient. Le 29 pluviose, un mois avant cet incendie, un arrêté surpris au Directoire, et que le citoyen Mahérault me remit lestement de la main à la main, m'avoit ôté l'exploitation de ce théâtre. Il ne m'avoit pas été permis de faire enlever une seule de mes décorations. J'observe que cette expropriation inattendue a eu lieu précisément au moment où, grâce au succès de *Misantrope et Repentir*, cet établissement commençoit à se trouver en bénéfice.

_____

RÉPONSES A LA LETTRE DU CITOYEN MAHÉRAULT.

(a) Peut-être ne devois-je pas de compte au gouvernement, puisque la trésorerie nationale ne m'a pas fourni un écu ; (*voyez* pages 25 et 56). Mais si l'on veut une preuve évidente de ma bonne-foi, on se convaincra que c'est moi qui dans ma démission provisoire du 13 pluviose, an 7 (*voyez* page 44), en ai franchement provoqué l'examen.

(b) de ce travail il n'a pu résulter qu'une simple opinion des commissaires, car aucune pièce de compte n'a été examinée ; je n'ai jamais été appelé par la commission ; jamais elle ne m'a entendu contradictoirement avec qui que ce soit (*voyez* page 45).

(c) Celles des cédules hypothécaires qui me furent remises par le banquier du citoyen Vernhac étoient à des échéances très-éloignées, et la plupart de la Belgique ; quelques-unes furent vendues à 20 pour 100 espèces, et il y en eut sur lesquelles je ne pus emprunter qu'une somme très-modique en les déposant, parce qu'il me fut impossible de m'en défaire (*voy.* page 99, les observations communiquées aux commissaires).

main invisible prolongeoit ma détention, toutes mes affaires souffroient de mon absence, j'écrivis à l'un des membres du Directoire et je nommai la main ; le 11 germinal je sortis du Temple. Il en sort le 11 germinal

Pendant ma détention et sous les verroux, je reçus avec un billet ainsi conçu, et dont le laconisme me frappa : « *On cherche à vous perdre, ne prenez avis que de vous-même.* » je reçus, dis-je, copie de la lettre du citoyen Mahérault dont j'ai déjà parlé et que voici :

LETTRE DU CITOYEN MAHÉRAULT et réponses ci-contre.

Le commissaire du Directoire exécutif près le théâtre de la République au ministre de l'intérieur.

Citoyen ministre,

Les commissaires nommés par vous pour examiner les comptes (*a*) que le citoyen Sageret doit au gouvernement, relativement à la réunion de l'ancienne Comédie-Française avec le théâtre de la République, viennent de vous présenter le résultat de leur travail (*b*).

Vous n'y verrez pas sans un étonnement mêlé d'indignation 1°. que le citoyen Sageret ait osé faire une déclaration fausse (*c*) de la somme qu'il a reçue par les mains du citoyen Verninac et qu'il prétend être de 57,000 francs au-dessous de celle qu'il a réellement touchée.

2°. Que sur les 274,000 francs qui lui ont été payés, on n'a pu lui allouer comme dépensés au compte du gouvernement,

(*d*) Pour les appointemens *pendant onze mois, dont cinq d'été*, de *treize* artistes très-inutiles au service journalier de Feydeau, et que je n'appelai que conformément aux vues du gouvernement..... Pour les divers pots-de-vin indispensables... Pour les avances aux acteurs. . . Pour la restauration de la salle du théâtre de la République. . . etc. 15,233 fr. ! ! ! Je me tais.

(*e*) L'arriéré des pauvres n'est pas de mon fait; c'est une suite de la dangereuse obligeance du citoyen Porché. Aussitôt que j'ai su que ce percepteur avoit laissé au caissier de Feydeau une latitude dont il abusoit, je me suis empressé d'y remédier ; j'invoque à ce sujet le témoignage du citoyen Désmousseaux, trésorier des pauvres après le citoyen Porché, pendant la gestion duquel on n'a jamais été en retard jusqu'au moment de la clôture de Feydeau, ni pour les payemens de chaque soir, ni pour les à-comptes journaliers convenus pour l'acquittement de l'arriéré. On trouve (page 5) les détails relatifs à cet objet ; mais il faut remarquer ici l'insidieuse rédaction de cet article. Avec de la bonne foi, qui ne voit que l'extrême gêne où l'on s'est trouvé sans cesse depuis le commencement de l'opération relative à la réunion, et surtout depuis la clôture des théâtres, a été l'unique cause du retard apporté par le caissier à ce payement? Ce malheur est retombé sur moi, et dans ce cas, je suis sûrement moins à blâmer qu'à plaindre.

(*f*) Les inspecteurs de la salle du conseil des Cinq-Cents n'ont aucunement voulu se mêler de ces débats ; ils ont aperçu sans doute 1°. que j'étois seul maître de disposer du prix des abonnemens ; 2°. qu'à supposer que l'on pût avoir égard aux demandes de quelques artistes du théâtre de la République, leur réclamation ne pouvoit porter que sur un tiers, puisque les abonnemens étoient créés pour les trois théâtres, de la République, de l'Odéon et de Feydeau.

(*g*) Le citoyen Mahérault voudra bien rectifier ses calculs, oit dire d'après quelle minute il a inexactement copié ses résultats. Il suppose que j'ai réalisé une somme de   274,000 fr.
Il affirme que je n'ai dû dépenser que. . . . .   15,233 fr.

Dans ce cas il resteroit par moi dû. . . . . . .   258,767 fr.
Cependant je ne dois selon lui au gouvernement que   193,746 fr.
Je n'entends rien à cet article.

(*h*) La réunion s'est effectuée le premier ventôse an 6 ; mais c'est à la fin de fructidor en 5 qu'il en a été question pour la première fois (*voyez* page 15), et dès vendémiaire an 6 j'avois déja le bail de Feydeau et la rétrocession des engagemens des artistes français attachés à ce théâtre (*voyez* page 63).

que 15,233 fr. 6 s. 8 d. (*d*), et que même la plus grande partie de cette somme a été prise sur les recettes des artistes et non sur les fonds du gouvernement.

3°. Qu'il a laissé en arrière la dette sacrée des pauvres auxquels il doit encore 16,207 fr. 20 cent. (*e*) et auxquels il n'a payé en dernier lieu 8,300 francs que depuis la mise en activité de la commission, et avec les fonds d'abonnement que les inspecteurs du Conseil des Cinq cents réservoient pour les artistes, d'après leur réclamation (*f*).

4°. Que cet entrepreneur qui doit au gouvernement non-seulement 193,740 fr. 13 s. 4 d. (*g*) depuis thermidor an 6, mais encore les intérêts de 274,000 francs touchés bien avant qu'il ait pu supporter aucune dépense pour la réunion (*h*), ose

G

Le premier à compte donné par le citoyen Verninac (la modique somme de 18,000 francs) ne fut payé que le 21 pluviôse de l'an 6 (*voyez* page 99); ainsi, loin d'avoir eu de l'argent en main avant de faire des dépenses, il est constant que j'ai fait des avances considérables avant d'avoir reçu le moindre secours.

(*i*) 100,000 francs! voilà sans doute encore une erreur de calcul du citoyen Mahérault, c'est bien de 250,000 francs que je suis à découvert pour le théâtre de la République seulement (*voyez* la récapitulation du compte général, page 97).

(*k*) Refusé! refusé!... J'ai demandé à être entendu contradictoirement avec tous ceux qu'il plaîroit à la commission d'appeler. *Voyez* (page 98) les observations communiquées aux commissaires.

·(*l*) Oui certes il y a eu réunion réelle; car tous les engagemens des artistes étoient uniformes, et par suite de ces mêmes engagemens le service s'est fait par plusieurs d'entre eux tant au théâtre de l'Odéon qu'à celui de la République *indistinctement*.

(*m*) *Voyez* (page 23) la cause et les motifs de la division d'*un seul et unique théâtre français* en deux sections. Aucun artiste ne restoit sans engagment et sans ressources; c'étoit une satisfaction de plus pour moi.

(*n*) La résistance qu'on semble reprocher ici aux artistes de l'Odéon ne provenoit que de leur juste répugnance à rompre avec moi des engagemens que j'avois exécuté avec eux scrupuleusement.

(*o*) *Espèce de réunion!... Un moment!...*
La réunion a duré onze mois consécutifs sous mon administration. Elle existe encore, elle assure aujourd'hui le succès du théâtre de la République; et sans moi existeroit-elle?

(*p*) Dans le cours de onze mois, il a été payé, d'après les quittances jointes aux pièces du compte, savoir : *pour appointemens d'artistes et employés* la somme de 320,069 francs; *pour honoraires d'auteurs* 21,793 francs, et pour à compte *aux fournisseurs* d'objets journaliers 40,742 francs; ces sommes réunies montent à 382,604 francs. Remarquez qu'il n'est ici nullement question des divers pots-de-vin et avances donnés, ni des à comptes payés aux constructeurs pour la restauration de la salle (*voyez* le compte général).

(*q*) Il est faux que tous les artistes ici dénommés eussent des

cependant prétendre que le gouvernement lui est redevable
d'environ 100,000 francs (*i*).

5°. Que ce citoyen ait constamment refusé (*k*) de donner
aucune espèce de détail sur les moyens moraux employés par
lui pour atteindre le but désiré par le gouvernement, et ait
ainsi suffisamment indiqué son impuissance à cet égard. Et
en effet pourroit-on affirmer qu'il y ait jamais eu de réunion
réelle (*l*)? N'a-t-on pas vu jusqu'à ce jour deux salles et
deux troupes très-distinctes, celle de la République et celle de
l'Odéon (*m*)? Cette dernière même ne paroît-elle pas encore
voir avec quelque répugnance le rapprochement proposé (*n*)?
L'espèce de réunion qui a eu lieu un moment (*o*) au théâtre de
la République n'a-t-elle pas été simulée et de nature à ne pouvoir durer, puisque ni les fournisseurs, ni les artistes, ni les
employés, ni les auteurs n'ont été payés (*p*)? Enfin le citoyen Sageret, en donnant à-la-fois des congés (*q*) au milieu
de l'hiver à huit sujets aussi marquans, aussi indispensables
au service journalier que les citoyens Molé, Dazincourt, Dugazon, Fleury, Talma, Monvel, et les citoyennes Contat et

G 2

congés portés dans leurs engagemens. Les citoyens Monvel et Dugazon, par exemple, n'en avoient pas; mais ce qui est certain, c'est qu'à l'exception de la citoyenne Contat l'aînée qui, *pour la première année seulement*, s'étoit réservé de prendre un congé de quarante jours à sa volonté, l'époque de tous les autres congés donnés étoit, par une clause formelle des engagemens, conciliable de gré à gré avec l'administration, en avertissant au moins deux mois d'avance, suivant l'usage ordinaire des théâtres.

(*r*) La cause réelle de la dispersion momentanée de quelques artistes principaux fut la proposition faite le 3 pluviôse an 7 par le citoyen François de Neufchâteau, de la réduction égale d'un quart sur les appointemens de tous les artistes indistinctement (*voyez* page 41).

(*s*) Je ne me permets aucunes réflexions sur les conclusions du citoyen Mahérault.

(*t*) Je n'ai fait quelques significations à certains artistes que pour échapper au payement des dédits portés dans leurs engagemens, si par la suite on les conseilloit de m'attaquer. Mon vœu pour la stabilité et la prospérité de la réunion est consigné dans la démission provisoire donnée par moi le 13 pluviôse an 7 au citoyen ministre de l'intérieur (*voyez* page 45).

(*v*) Oui j'ai compté sur l'appui des premiers fonctionnaires de la République et j'ai osé le dire. Sans le secours de l'un d'eux, je serois encore à la maison d'arrêt du Temple. Les distractions inséparables des grandes places leur ont fait détourner les yeux de dessus moi, aussitôt que ma mission a été remplie, et l'établissement transporté dans le local du théâtre de la République. Bientôt l'audace et la ruse ont été tour à tour employées pour les tromper, me rendre coupable à leurs yeux, m'arracher leur protection, leur estime (*voyez* page 30), et me ravir ensuite le fruit de mes travaux. Mais enfin le moment de ma justification est arrivé; tout peut se réparer encore, et ma confiance dans la justice du Directoire est une des idées consolatrices auxquelles il m'est impossible de renoncer.

Petit , n'at-t-il pas opéré une véritable dispersion (*r*), et forcé lui-même la ruine de son entreprise ?

D'après ces faits, il paroît évident (*s*) que le citoyen Sageret a abusé de la confiance du gouvernement, qu'il a tenté de lui excroquer des sommes considérables, qu'il l'outrage encore par des réclamations indécentes, enfin qu'il est en banqueroute ouverte avec les pauvres. Le gouvernement ne peut donc se dispenser de poursuivre cet entrepreneur avec autant d'éclat que de sévérité.

Comme commissaire du Directoire, je demande que le citoyen Sageret soit arrêté, traduit à la police correctionnelle, et poursuivi par le commissaire près ce tribunal, pour avoir, aux termes de la loi du 21 janvier 1791, titre 2, article 35, par *dol*, à l'aide de fausses entreprises et d'espérances imaginaires, abusé de la crédulité du gouvernement, et excroqué une partie de la fortune publique, qu'il soit condamné à la restitution avec dommages-intérêts, amende et détention, enfin qu'il soit criminellement poursuivi suivant la rigueur des lois pour le vol et la banqueroute faite aux pauvres.

Cette mesure, citoyen ministre, vous paroîtra d'autant plus nécessaire que le citoyen Sageret continue de contrarier le vœu du gouvernement, en tourmentant par toutes les poursuites de la chicane les artistes appelés à se réunir (*t*), qu'il outrage le gouvernement en renvoyant tous les jours à son commissaire les malheureux créanciers qu'il a ruinés, enfin qu'il insulte aux premiers fonctionnaires de la République en se prétendant soutenu et autorisé par eux (*v*).

Salut et fraternité. *Signé* MAHÉRAULT.

Je fais au citoyen Mahérault la même question que j'ai faite à la commission : A qui donc obéissiez - vous ? et qui m'avoit ainsi désigné pour victime (1) ?

(1. Vainement le citoyen Mahérault ou les commissaires nommés par le ministre s'armeroient-ils de l'article 2 de l'arrêté du Directoire, en date du 17 pluviose, an 7, qui porte : « *Le ministre de l'intérieur sera* VÉRIFIER

Sorti du Temple, le 11 germinal, vers cinq heures du soir, je fus à neuf heures au théâtre de la République. Le concierge, Jordan, étoit seul; je l'assurai que c'étoit bien moi, moi, libre depuis quelques heures, rentrant me coucher chez moi et devant y rester toute la matinée le lendemain pour y recevoir les visites qui se présenteroient.

Carte donné au ci-Sagerct.

La première visite que je reçus, le 12, fut celle d'un citoyen nommé Maurice Duhautpas qui m'exhiba l'ordre de me garder à vue, et de m'accompagner partout où il me plairoit d'aller. Je reçus ce nouveau compagnon avec assez peu de plaisir; mais je l'écoutai avec la déférence due à ses instructions, parce que tel abus que l'on fasse de l'autorité, l'autorité en elle-même n'en est pas pour cela moins respectable.

En guerre, soit avec des gens qui se cachent, soit avec ceux qui se font une arme ou un jeu de la calomnie, c'est peut-être un bonheur que d'avoir un témoin perpétuel de sa conduite; je ne fis donc aucune réclamation auprès du ministre de la police pour qu'il me retirât le garde. Mais le 21 floréal au matin,

Le garde a ordre de se retirer le 21 floréal.

après être resté trente-neuf jours auprès de moi, et m'avoir coûté 195 francs que je lui donnai, parce que toute peine mérite salaire, ce garde, le citoyen Maurice Duhautpas, m'annonça que j'étois parfaitement libre, et me laissa la lettre de la police qui lui enjoignoit de se retirer d'auprès de moi. Cette

Le lendemain, 22, le citoyen Sageret est appelé chez le ministre de l'intérieur.

lettre est, je le répète, du 21 floréal, an 7, et le même soir j'en reçus une du ministre de l'intérieur qui m'invitoit à me trouver chez lui le lendemain 22, à neuf heures précises du matin.

» par des commissaires qu'il nommera, les comptes que le citoyen Sageret » doit au gouvernement, etc. etc. etc. etc.

Le Directoire a-t-il voulu conférer le droit de perdre, à l'aide de suppositions gratuites, celui qu'il auroit honoré de sa confiance et qui auroit tout fait pour le mériter? Le Directoire, en ordonnant au ministre de l'intérieur de nommer des commissaires, avoit indiqué quel étoit leur devoir. Leur devoir, aux termes mêmes de l'arrêté, étoit de *vérifier* les comptes, et *vérifier* pareillement les moyens employés pour remplir ses intentions. Cette vérification n'a été faite en aucune manière, et pourquoi? C'est qu'en examinant de près, on étoit sûr de ne pas me trouver coupable.

Je me rendis aux ordres du ministre ; il étoit seul et me reçut sur le champ. Il me demanda la résiliation de mon bail du théâtre de la République, et me présenta un acte, LE NOM DU PRENEUR EN BLANC. Je lui observai que le 13 pluviose précé- *Le citoyen François de Neufchâteau demande la résiliation du bail.* dent je lui avois offert ma démission provisoire de l'adminis- tration intérieure de ce théâtre, parce que j'avois cru cette dé- marche utile au maintien de la réunion, et qu'alors même je ne l'avois donnée que sous la réserve des indemnités à moi dues, à raison des créances relatives à la restauration de la salle ; que depuis j'avois témoigné à l'un des chefs de ses bu- reaux, qui m'avoit interrogé d'après ses ordres, que j'étois prêt à donner soit ma démission absolue, soit la résiliation de mon *Observations faites par le citoyen Sageret.* bail, pourvu qu'il y eût des arrangemens faits par rapport aux dettes ; que ma libération étoit tout pour moi, qu'il devoit ap- prouver ma conduite qui étoit celle d'un honnête homme, et qu'au surplus ma façon de penser à cet égard devoit lui être depuis long-temps connue, puisqu'il n'avoit pas reçu une lettre, une seule pétition de moi (et il en avoit reçu plus de dix) sans que j'insistâsse uniquement et sans cesse sur cet article.

Je vous demande, répéta le ministre, la résiliation pure et simple de votre bail, je ne changerai rien à l'acte, il est dressé : le voici.

En ce cas, citoyen ministre, répliquai-je, je ne donnerai pas ma signature.

Je vous préviens, reprit le citoyen François de Neufchâteau, *Menaces du ministre.* que j'enverrai au ministre de la justice un arrêté du Directoire pour vous poursuivre suivant la rigueur des lois ; car vous devez au gouvernement.

Vous savez mieux que personne, citoyen ministre, répli- quai-je assez vivement, ce qui en est ; vous savez que je suis à *Réponse du cit. Sageret.* découvert de plus de 300,000 francs dans l'affaire des théâtres. Au surplus pourrois-je prendre lecture de cet arrêté ? j'ai de- mandé plusieurs fois à vous-même, et par lettres, copie d'un rapport que l'on assure vous avoir été fait par les commissaires que vous avez nommés ; peut-être l'arrêté dont vous me

parlez est-il bazé sur ce rapport : jamais je n'ai pu obtenir communication du rapport, en sera-t-il de même de l'arrêté dont
vous me menacez ?

Il refuse de signer la restitution.

Faites ce qui vous plaira, dit le ministre, signez ou ne signez
pas. Mon refus fut formel, et je me retirois quand le ministre
m'observa que vingt-quatre heures de réflexion pourroient peut-
être m'éclairer sur mes vrais intérêts, et me dit qu'il me recevroit le lendemain à la même heure avec mon conseil.

Second rendez-vous chez le ministre, pour le lendemain.

Dès le soir j'allai consulter un homme de loi, mon ami, qui
veut bien m'aider quelquefois de ses avis; voici mot pour mot ce
qu'il me dit :

« Votre traduction dans les tribunaux ne pourroit qu'être
» utile à votre réputation en mettant au jour toute votre con-
» duite; il faudroit la provoquer plutôt que de la craindre.
» Mais c'est un enfantillage que de croire à des poursuites au
» nom du gouvernement, quand le trésor national n'a pas fourni
» de fonds; or le fait est certain, puisque vous êtes sérieuse-
» ment débiteur du citoyen Verninac pour raison des prêts con-

Réflexions du conseil du citoyen Sageret.

» ditionnels qu'il vous a faits. Mais ce qui arrivera, ce sera
» peut-être encore un garde ou quelque tracasserie, car je ne
» suppose point de crimes. On veut absolument avoir votre
» bail, ceux qui s'y obstinent sont aussi ceux de qui vous le
» tenez, trois mois se passeront bien vite, vous êtes obéré,
» vous devez déjà des loyers, vous en devrez plus encore, et
» ce sera à défaut de payement que l'on reprendra la salle. Au
» surplus à demain matin, au ministère de l'intérieur.

Nous nous y rendîmes en effet, j'y plaidai, comme la veille,
la cause si juste de mes créanciers. Mon conseil ajouta que pour

Pourquoi le cit. Sageret n'a pas provoqué l'union de ses créanciers.

la première fois il regrettoit de m'avoir sans cesse détourné de les
unir; il en expliqua le motif. « J'avois toujours regardé comme
» certain, dit-il, qu'en supposant que le bail du théâtre fran-
» çais de la République fût arraché au citoyen Sageret, ce ne
» pouvoit être ni sans dédommagement, ni sans la restitution
» ou l'achat du mobilier considérable créé par lui. En joignant
» à la valeur de ce mobilier et de l'indemnité ce que le gouver-
» nement

» nement lui doit encore pour les pertes réelles qu'il a essuyées
» lors de l'incendie de l'Odéon, ces deux objets réunis me sem-
» bloient devoir composer un actif qui le mettoit à même d'ap-
» peler ses créanciers pour une répartition qu'ils accepteroient
» d'autant plus volontiers, que sa conduite et les événemens
» avoient été connus de tout le monde. Vous pouvez encore au-
» jourd'hui le sauver, citoyen ministre ; mettez pour motif et
» prix à la résiliation ou une somme annuelle à percevoir sur
» l'entreprise pendant toute la durée du bail, ou l'abandon de
» la location du café et de quelques loges, ainsi que le citoyen
» Sageret en a fait plusieurs fois la demande ; alors plus de
» difficultés ».

Le Directoire est trop juste, reprit le ministre, pour ne pas
entendre, s'il y a lieu, la réclamation des créanciers légitimes ;
au surplus si le citoyen Sageret a tant de répugnance à une rési-
liatio, le nom DU PRÊNEUR EN BLANC, je vais prendre le bail en
mon nom. C'est du canon, me dit tout bas mon conseil, signez ».

Le ministre prit la peine de faire lui-même une copie entière
de l'acte ; il y inséra une clause relative au mobilier créé par
moi, ce fut tout ce que l'on put obtenir de lui, et c'est ainsi que
dans la matinée du 23 floréal de l'an 7, on me dépouilla sans
indemnité d'un bail de vingt-deux ans, sur la foi duquel j'avois
fait des embellissemens et obtenu des crédits considérables ; car
à coup sûr la longue durée du bail avoit été un des principaux
motifs de la confiance de ceux qui m'avoient prêté de l'argent,
ainsi que des constructeurs qui avoient fait de fortes avances.

L'après-dîner du même jour, sur vingt personnes instruites
de l'aventure, et qui rapprochèrent ainsi les dates : *le 21, le
garde a ordre de se retirer ; le 22, je suis mandé chez le ministre ; le 23, la résiliation m'est arrachée*, plus de la moitié
me conseilla de protester de nullité dans les vingt-quatre heures
par acte devant notaire ; mais ce moyen ne pouvoit convenir à
ma franchise.

De trois théâtres organisés par mes soins, l'un perdu pour

Le citoyen François de Neufchâteau prend en son nom le bail du théâtre français de la République.

H

moi dès le 29 pluviôse, devient un mois après la proie des flammes ; l'autre m'échappe le 23 floréal, comme on vient de le voir ; un troisième et dernier me reste, c'est celui de Feydeau, celui dont la compagnie dite Portarieu est propriétaire.

Il est des êtres lâches et féroces à-la-fois que le cri de l'homme attaqué par des brigands réjouit et appelle, qui se cachent tandis qu'on l'assassine, et n'osent approcher pour le dépouiller que quand il lui reste à peine le dernier soupir.

Tels sont deux hommes qui, conseils de la compagnie Portarieu, se sont malheureusement pour les actionnaires et pour moi arrogé dès long-temps le droit exclusif de la gouverner, les citoyens *Defays* et *Chignard*.

Ils n'ignoroient pas que l'un des motifs qui m'avoient déterminé à m'occuper de la réunion des artistes français avoit été le désir d'empêcher la clôture du théâtre Feydeau, à la fin de fructidor de l'an 5. Ils n'ignoroient pas à quelles conditions ils m'en avoient passé un bail DE QUINZE ANS, en vendémiaire de l'an 6, et à quel prix ils m'avoient vendu la rétrocession des engagemens de la Comédie. Ils n'ignoroient pas (car ils avoient approuvé et signé les plans des citoyens Legrand et Molinos, architectes, lors de la restauration du théâtre Feydeau) que, sur la foi de ce long bail, j'avois fait à cette salle des constructions et améliorations considérables (*voyez ci-devant page 27*). Mais ils savoient aussi que ces dépenses mêmes ajoutées à celles faites au théâtre de la République, avoient épuisé ma fortune et anéanti mon crédit. C'étoit pour eux le moment de me porter le dernier coup. Se venger sous l'apparence de faire le bien de leurs commettans ! c'étoit un vrai chef-d'œuvre pour Chignard et Defays (1). Ré-

(1) J'ai indiqué (page 10) la cause de la haine de Defays. Quant à Chignard, 1°. il se souvient que j'ai défendu seul contre lui l'opéra Feydeau, un thermidor de l'an 4, quand il vouloit le perdre et seconder Defays dans le projet de laisser la Comédie-Française maîtresse du champ de bataille.

2°. Il ne peut me pardonner de n'avoir point revêtu de ma signature un acte inventé par lui en l'an 3, pendant le cours des assignats, quand voulant

pondex, mandataires infidelles, avez-vous le vœu de tous les actionnaires, pour perdre un homme honnête avec lequel ils ont traité de bonne foi, et croyez-vous qu'il soit permis, pour satisfaire à des haines particulières, d'abuser des noms des citoyens Vaudoyer, Brière-Surgy, Delahaye, Bossu, Velloni, Meurgeon, Defer, etc. etc. et de ceux de ces mêmes Neuville et Montansier avec lesquels vous avez voulu me brouiller, parce que vous avez craint que je ne trouvasse en eux un juste appui?

Pour obtenir un succès immanquable contre moi, il falloit s'assurer de quelques préposés au service de mon administration qui voulussent trahir leur devoir; il falloit (ce qui étoit moins facile) se ménager des intelligences jusque dans la société des artistes.

On s'empara de l'ancien agent général Cochet, du caissier

———————————

empêcher les comédiens de partager dans la recette des locations journalières, ainsi qu'on le leur avoit promis, Chigaard trouva très-simple de louer *rictivement a l'année* presque toutes les loges de la salle, et me proposa de servir de prête-nom à un pareil acte. Je refusai cet honneur insigne; le citoyen St.-Prix et quelques-uns de ses camarades en furent instruits : l'acte n'eut pas lieu.

5°. Voici encore un de mes torts : Une portion considérable de terrain situé dans l'enceinte du ci-devant couvent des Filles St.-Thomas fut soumissionné à une époque dont la date m'échappe. Pour soumissionner, il ne falloit d'abord que des assignats; les recettes du théâtre Feydeau en fournissoient abondamment, et l'on pouvoit en ce moment, comme malheureusement encore depuis, disposer de la caisse sans la participation des actionnaires. *On soumissionna donc à leur insu.* C'étoit une façon d'acheter *gratis* des terrains qu'on eût pu, attendu leur contiguïté, vendre ou louer ensuite à ces mêmes actionnaires pour l'utilité du théâtre, après les avoir acquis de leurs deniers. Un décret survint qui obligea tous les soumissionnaires de biens nationaux, soit à payer une portion en *numéraire*, soit à renoncer à leur soumission. Il falloit de l'argent. *Alors* on convoqua les actionnaires, et je me rendis à l'assemblée. — Nous n'arrivons pas très-vite, dis-je à quelques co-propriétaires qui se trouvoient à mes côtés. — *Mieux vaut tard que jamais,* reprend très-sèchement l'un d'eux. Je me mets à rire. On délibère; la soumission est abandonnée. Mais Chigaard n'oublie pas que j'ai en quelque sorte provoqué la citation du proverbe.

Dufey, et du costumier Marillier, tous trois employés jadis par Defays lors de mon traité avec lui, en floréal de l'an 3, et que j'avois eu la funeste bonté de conserver. A ce trio d'agens

subalternes, se joignit un chef plus dangereux, le citoyen Rézicourt.

Ancien directeur du théâtre de Lille, auteur de quelques actes lyriques, et acteur sur presque tous les théâtres des départemens, le citoyen Rézicourt eut successivement des amis et des ennemis, des applaudissemens et des sifflets, des succès et des chutes. C'est au public qu'il appartient de proclamer les réputations, aussi me garderai-je bien de prononcer sur la sienne ; n'ôtons à qui que ce soit la bonne opinion qu'il a de soi-même. Mais si le citoyen Rézicourt peut avec plaisir s'interroger sur son talent, qu'il se garde de descendre dans son cœur, il y trouveroit trop de noirceur et d'ingratitude.

Peut-être après tout ai-je eu des torts avec lui ; examinons ma conduite.

Rézicourt fait *Olivia*, l'ouvrage ne vaut rien ; il me tourmente pour que je le fasse jouer, j'y consens, la pièce tombe.

Rézicourt veut débuter à la comédie française, c'étoit risquer ce qu'il avoit de réputation dans l'opéra ; je mets quelques len- à permettre son début, il insiste, je m'y prête, il échoue.

Rézicourt n'avoit pas le droit par son engagement avec moi d'obtenir un congé, il le demande, je le lui accorde.

Pendant ce congé son fondé de pouvoir touche ses appointemens à la caisse, à la déduction d'une somme généralement consentie par les artistes de l'opéra, et donne quittance faisant mention de l'unanimité des consentemens.

Rézicourt de retour, conteste la quittance et désavoue son fondé de pouvoir. Comme j'ai de la peine à croire qu'un bon procédé soit une faute, je parfais l'intégralité de ses appointemens dans un moment où, d'après la disparution des assignats, le numéraire étoit extrêmement rare.

Bientôt il veut aller courir les départemens, je lui rends son engagement.

E ij

Plus d'un an s'écoule, ni le public, ni les acteurs ne s'aperçoivent un instant de son absence et l'administration s'en trouve à merveille, quand le citoyen Degligny, artiste du théâtre Français, ami commun du citoyen Rézicourt et du citoyen Lesage, régisseur de l'opéra, témoigne à ce dernier combien Rézicourt, alors à Bordeaux, désire se réunir à ses anciens camarades. Lesage m'en parle plusieurs jours de suite, je lui observe que quand Rézicourt témoigne le désir de revenir au théâtre Feydeau, cela veut dire qu'il n'a pas un écu à gagner dans la province ; je lui rappelle que cet acteur rapportant tout à lui seul, et soignant surtout sa réputation, en ne choisissant et ne jouant que de bons rôles, n'a jamais fait un seul effort, un seul sacrifice pour rendre service à l'administration ; que quoiqu'il produise de l'effet, parce qu'il a une espèce de chaleur et surtout la connoissance du public et de la scène, son organe est désagréable, son jeu maniéré et sec, sa voix rauque et souvent fausse ; que Vallière, avec autant d'aplomb, moins de prétention et plus de voix, suffit seul à l'avenir comme il a suffi depuis plus d'un an, etc. etc. Lesage me prouve que la moindre indisposition survenant à Vallière, peut arrêter le répertoire ; il insiste tant, que je fais l'engagement, je l'envoie à Rézicourt : il arrive, et c'est une furie que j'admets dans mon administration.

Aussitôt après l'ouverture du théâtre Feydeau, c'est-à-dire après le 9 brumaire, an 7, les conférences entre Chignard, Rézicourt et Defays se multiplient ; c'est chez ce dernier qu'elles se tiennent, c'est là que le caissier, l'agent et le costumier se rendent pour faire leurs rapports à leurs chefs et en recevoir les ordres.

Conférences multipliées chez Defays.

Instruit de ces menées (car tout se sait bientôt en intrigues de théâtre) je cherchai autant qu'il étoit possible à en empêcher les effets.

Avec la plupart des artistes la confiance qu'on leur témoigne est la mesure de celle qu'ils accordent, et si jusqu'au moment où des fripons ont voulu causer une désorganisation utile à leur but, j'ai obtenu l'estime générale et l'attachement des acteurs de l'Opéra-Feydeau, la raison est que j'ai toujours été exclusivement dévoué à leurs intérêts.

Pour leur en donner une preuve nouvelle, je leur proposai un acte portant, entre autres choses, nomination de commissaires pris parmi eux pour surveiller la comptabilité, activer le répertoire, etc. Par cet acte j'abandonnois aux artistes l'intégralité des recettes, à la charge de payer tous les frais journaliers, le prélèvement pour les pauvres, les honoraires d'auteurs, le loyer, les gardes, pompiers, luminaire, etc. Je me réservois uniquement l'abonnement du Corps législatif pour l'acquittement de mes créances particulières relatives au théâtre. L'article V de cet acte portoit que ce qui resteroit en caisse à la fin de chaque mois, après tous les payemens faits, serviroit à l'amortissement de l'arriéré dû aux artistes (1), suivant le tableau donné par le caissier, et au marc la livre.

Mes propositions convinrent aux artistes ; on nomma quatre commissaires, le choix tomba sur les citoyens Rézicourt, Juliet, Gaveaux et Lebrun. L'acte fut signé le 10 nivôse de l'an 7.

A peine est-il consenti que Rézicourt entrave son exécution. Il me dispute d'abord l'abonnement du Corps législatif, sous le prétexte d'une interprétation équivoque, isole un de ses camarades, commissaire comme lui, parce qu'il lui prête faussement des arrangemens secrets avec moi ; l'honnête Lebrun, arriéré pour ses appointemens d'artiste et ses honoraires d'auteur, est taxé d'avoir reçu particulièrement de l'argent et d'être plus qu'au courant de ses appointemens. Bientôt la calomnie frappe divers acteurs ; ceux à qui Rézicourt doit de la reconnoissance, ceux qu'il déteste parce qu'ils le connoissent, en sont les premiers

Marginal notes:
Nomination de commissaires pris parmi les artistes.
Acte proposé et accepté e 10 nivôse, an 7.
Menées du cit. Rézicourt.

_____

(1) L'arriéré dû aux artistes de l'opéra Feydeau provenoit, 1°. de l'insuffisance des recettes dans le temps où, quoique l'opéra fut au complet, on ne jouoit que quinze jours par mois, à cause de la réunion des artistes français ; 2°. des cinquante-cinq jours de clôture nécessités par la restauration du théâtre, clôture longue et désastreuse, qui servit à accroître ma dette, à embellir la salle et exciter la rapacité de mes ennemis.

atteints ; on fait courir le bruit qu'ils ont reçu de moi des cau-
tionnemens, des billets ou de l'argent. De l'argent ! c'est à vous
seul, citoyen Rézicourt, que j'en ai donné, parce que vous
m'avez assuré que vous aviez un engagement d'honneur avec
un ami qui vous avoit prêté ; et souvenez-vous que je vous ai
représenté que je vous donnois à regret ce dont je devois faire
une répartition égale entre vos camarades. Des effets ! c'est vous
seul aussi qui en avez obtenu ; deux billets à ordre, payables
les 15 ventôse et 15 germinal derniers, furent demandés par
vous et je les souscrivis. Ces effets, de 900 francs chaque, étoient
pour solde de ce qui vous étoit dû. Il est vrai qu'un mois après
la souscription de ces effets, et avant leur échéance, vous me
les avez remis tous deux quand vous avez senti venir l'orage ;
mais pourquoi les avez-vous rapportés alors ?

Malgré le soin et l'adresse que l'on mettoit à semer la zizanie, *Le citoyen Sageret fait
tête à l'orage.*
je gardois l'espérance de ramener la paix au théâtre et de dé-
jouer les intrigues des Rézicourt, des Defays et des Chignard.
Pour y parvenir, la conservation du bail de quinze années que je
tenois de la compagnie Portarieu, devenoit surtout importante.

Ce bail fait en vendémiaire, an 6, m'obligeoit, entre autres
choses, au versement d'un pot-de-vin de 20,000 francs, et d'une
somme de 60,000 francs payable par anticipation du prix de la
quinzième et dernière année du bail.

J'avois payé au-delà du montant de tous mes loyers échus ; *Il vise surtout à la con-
servation de son bail de
quinze années.*
mais je n'avois pu satisfaire encore à la totalité des 60,000 francs
de la quinzième année d'avance. Une excuse plus que suffisante
aux yeux de la masse générale des actionnaires se trouvoit tant
dans l'augmentation d'un considérable mobilier créé par moi,
que dans la dépense faite pour embellir la salle ; mais enfin
JE DEVOIS. Je désirois donc un arrangement qui fixât les
termes dans lesquels je payerois ce que je pouvois devoir, et
déterminât la manière dont le payement s'effectueroit.

Divers actes furent projetés entre mon conseil et le citoyen *Divers actes sont pro-
jetés.*
Chignard ; celui-ci prenoit ses avantages avec tant d'autorité,
que ses propositions étoient inacceptables, et son but étoit

qu'elles ne fussent point acceptées. Mais plus j'entrevoyois ses
desseins perfides, plus je sentois la nécessité d'un arrangement.
Enfin, après quatre à cinq jours de conférences respectives,
il fut convenu que mon bail sous seing-privé seroit déposé
pour minute chez le citoyen Lefebvre-Saint-Maur, notaire ;
que dans l'acte de dépôt même on inséreroit par suite du bail
les nouvelles clauses utiles aux bailleurs, commandées par
Chignard, et que pour éviter des frais d'enregistrement, on
feroit sous signature privée l'acte relatif au délai accordé pour
l'arriéré dû (1).

Si les sacrifices exigés étoient immenses, ils devenoient
nécessaires ; je m'y déterminai afin d'obtenir ce que je rega-
dois comme très-essentiel pour moi, terme et délai commode
pour solder l'arriéré dû. En conséquence on fit en l'étude du
citoyen Lefebvre-Saint-Maur, notaire, 1°. l'acte de dépôt du
bail ; 2°. deux doubles d'un acte sous seing-privé portant qu'à
compter d'une époque y fixée, l'arriéré dû seroit payé, jour
par jour, à raison de 66 fr. 13 s. 4 d., faisant 2,000 fr. par
mois ; et le 29 nivôse, an 7, le citoyen Boucher, l'un des
principaux clercs du citoyen Lefebvre-Saint-Maur, se trans-
porta, entre sept et huit heures du soir, au bureau de l'administration, rue Feydeau, où se trouvoient les citoyens Portarieu, Neuville, Brunetières, Chignard, Defays et moi ; là,
le citoyen Chignard fit lui-même lecture, en présence du principal clerc du citoyen Lefebvre-Saint-Maur, 1°. de l'acte de
dépôt du bail contenant les clauses nouvelles consenties par

(1) Ces nouvelles clauses étoient le payement par chaque jour des loyers ;
l'obligation de fournir à mes dépens un nouvel état des lieux ; conformément à la restauration faite à mes frais ; l'échange de dix entrées éven-
tuelles contre six transmissibles ; trente billets par mois, portant entrée de
deux personnes, et en blanc pour les places et les dates ; enfin (ce qui
étoit un avantage incalculable) l'abandon pour vingt-deux années de quatre
à cinq loges à chacun des théâtres de la République et de l'Odéon, et les
entrées à ces deux théâtres de plus de quatre-vingt personnes, et notamment des soixante actionnaires de Feydeau.

moi

moi ; 2°. de l'acte sous seing privé portant les conventions relatives au payement de l'arriéré, et à l'instant les deux doubles
du sous seing-privé et l'acte de dépôt furent signés par le citoyen
Portarieu ainsi que par moi ; le citoyen Boucher remporta ces
pièces en règles, et je rentrai chez moi avec le regret d'avoir
acheté bien cher un arrangement que je n'avois fortement désiré que parce qu'il devoit m'assurer la paisible jouissance do
mon bail.

J'avois pris toutes les précautions que la prudence pouvoit
me suggérer, et les actes du 10 nivose avec les artistes, et du
29 du même mois avec la compagnie Portarieu, sembloient
me rassurer pour l'avenir, quand j'apprends que l'infatigable
Rézicourt, après avoir abusé de sa nomination de commissaire pour semer par tout la défiance et détacher de moi mes
meilleurs amis, a eu l'adresse de se glisser dans l'intimité de
quelques artistes principaux, forme une espèce de pacte particulier avec les citoyennes Scio, Rolandeau, et les citoyens
Juliet et Gaveaux, et s'enveloppe en quelque sorte de l'estime
due à leurs talens. Je croyois avec peine à cette coalition d'un
genre nouveau, quand une visite de trois de ces artistes chez
moi m'en donna la preuve incontestable. Cette visite fut suivie
de deux rendez-vous, l'un chez la citoyenne Scio, l'autre chez
la citoyenne Rolandeau ; le premier n'aboutit à rien, et voici
ce qui se passa dans le second.

Faire croire aux gens que la docilité à suivre les avis donnés
leur vaudra évidemment de l'argent, est un grand moyen de
les disposer à l'obéissance. Tel étoit le texte d'après lequel le
citoyen Rézicourt prêchoit avant mon arrivée chez la citoyenne
Rolandeau, et quand je me présentai, je retrouvai les têtes
plus montées au numéraire que ne le sont ordinairement celles
des hommes artistes et des femmes à talens.

Fortement pressé par la réunion des cinq, 1°. sur le payement de leur arriéré, 2°. sur la demande d'une augmentation
d'appointemens, je leur représente d'abord, sur le dernier
point, que cette demande est au moins inconsidérée dans un

I

moment difficile. A l'égard du payement de l'arriéré , j'offre de prendre sur le champ des engagemens sur cet objet, pourvu qu'on me donne quelque délai nécessaire pour emprunter des fonds, attendu l'impossibilité d'en retirer sur les recettes journalières abandonnées, d'après l'acte du 10 nivose, intégralement aux artistes jusqu'à la réorganisation prochaine du théâtre dont je m'occupe, ajoutai-je, très-sérieusement, et lors de laquelle, au moyen de la suppression de beaucoup de frais inutiles, il y aura une marge suffisante pour récompenser les talens sur lesquels reposent la splendeur et la réputation du théâtre.

Offre du cit. Sageret.

Je demandai trois mois pour payer cet arriéré montant pour les cinq à environ 14,000 francs, et déjà trois personnes y avoient consenti volontiers, quand le chef irrité de cette condescendance qui faisoit échouer ses projets, reprit brusquement que chacun étoit libre de ses volontés, mais que quant à lui, il vouloit moitié sur le champ et le reste dans le cours du mois. — Faisons mieux, m'écriai-je alors, que chacun souscrive à la résiliation de son engagement, j'enverrai chez un notaire de mes amis, et avant de sortir d'ici, j'aurai payé à chacun ce que je lui dois.

Rélicourt s'oppose à cette conciliation.

Le citoyen Sageret, vivement irrité, propose la résiliation des engagemens.

Ma proposition ne fut point acceptée sur le champ, les cinq artistes me demandèrent vingt-quatre heures pour donner leur dernier mot. Dans cet intervalle, l'un d'eux demanda asile pour tous au théâtre de la rue Favart, le lendemain ils consentirent à rompre, et leurs engagemens furent résiliés.

Les cinq artistes refusent d'abord, et acceptent 24 heures après.

Instruit de cette démarche de cinq artistes de Feydeau auprès des artistes sociétaires du théâtre Favart, il me sembla que le résultat ne pouvoit tourner qu'à mon avantage.

Il faut connoître bien peu l'intérieur des théâtres et le caractère distinctif des acteurs, pour croire que cinq principaux talens échappés d'un théâtre, seront reçus gaiement par des sociétaires qui ont comme eux des droits acquis à l'estime du public, et que ces sociétaires vont surcharger leur entreprise de plus de 60,000 francs de frais par année, pour avoir le plaisir de partager avec cinq nouveaux arrivés leurs emplois et leur

gloire. Et d'ailleurs les fuyards de Feydeau eussent-ils trouvé
là le répertoire qui a fondé leur réputation ? non sans doute,
et ils eussent été réduits à attendre dans des pièces nouvelles et
des rôles et des succès. Il étoit donc certain ou que les artistes
de Feydeau chercheroient bientôt à rentrer sous mon administration, ou qu'il y auroit au théâtre Favart quelques talens
chers au public, qui, par suite de justes désagrémens, passe-
roient incessamment au théâtre Feydeau. Dans ces deux cas
mon entreprise ne souffroit qu'un moment, et cette crise pas-
sagère devenoit utile.

Elle effraya pourtant beaucoup ceux qui comme moi n'en
prévoyoient ou n'en jugeoient pas l'effet. Dès qu'elle apprit
cet événement, la masse générale des acteurs de Feydeau se
défia de ses forces et de ses ressources, et soit que l'on tremblât
pour l'édifice parce que quelques colonnes ne le soutenoient
plus, soit plutôt que par une suite de l'attachement justement
accordé au citoyen Juliet, la perte de cet ami de tout le monde
fût également sensible à tous les artistes, la consternation et
l'abattement se peignirent sur les visages, et j'y lus que le désir
général étoit le rappel des déserteurs.

Le raccommodement ne fut pas difficile, car les prudens
sociétaires du théâtre Favart ne s'étoient point pressé de conclure
avec tout le monde ; temporiseurs à l'égard de quelques-uns,
leur conduite fut aussi adroite que sage. Mais ce n'est pas à
moi qu'il convient d'en faire ici l'apologie, examinons plutôt
celle des Defays et des Chignard.

Qui croiroit que, s'immisçant sans pudeur dans les détails
d'une exploitation qu'il ne leur est nullement permis d'ins-
pecter, ceux dont je tiens à bail la salle du théâtre Feydeau
osent s'ériger en maîtres dans mon administration, se faire
rendre compte de ce qui s'y passe, appeler les principaux
artistes, leur offrir *à mon insu* argent et cautionnement, et
s'emparer ainsi (ne fût-ce que par reconnoissance) de leur
volonté contre la mienne. *A mon insu !* De quel droit, désor-
ganisateurs déhontés, apportez-vous ainsi le trouble dans ma

I 2

maison ? *A mon insu !* pourquoi établissez-vous cette ligne
épouvantable de démarcation entre l'acteur à forts appointemens que vous cautionnez, et l'acteur à 3000 francs par année,
qui demain peut-être se rendant à de justes observations, n'eût
pas murmuré de la réduction d'un quart ou d'un tiers de son
traitement ? Le piége étoit bien tendu sans doute, et je n'ai pu
l'éviter, parce que je n'ai connu l'acte passé entre les cinq
artistes et vous que long-temps après sa signature.

Convocation d'une as-
semblée générale des ar-
tistes par le cit. Sageret,
et à quel but.

Je croyois à peine à ce trait profond de scélératesse dont, je
ne sais par quel hasard, certains artistes de l'orchestre avoient
déjà connoissance, quand sur la fin de ventose, an 7, je con-
voquai une assemblée générale des artistes, dans laquelle, après
avoir exposé le tableau de la situation de l'entreprise, démontré
la nécessité de consentir à des réductions que les circonstances
rendoient indispensables, et proposé un moyen sûr et commode
pour parvenir au payement de l'arriéré dû (1), je vis mes propositions adoptées, sauf de très-légères modifications, mais
sous la condition que la réduction proportionnelle s'étendroit
sur tout le monde.

Effet du cautionne-
ment par la compagnie
Portarieu.

On devine aisément quel effet dût produire alors l'acte de
cautionnement souscrit par la compagnie Portarieu. Il étoit
très-simple que les cinq cautionnés ne se prêtassent à aucune
diminution ; et pourtant deux d'entre eux m'offrirent d'y consentir, et donnèrent ainsi à leurs camarades et à moi la preuve
de leur désintéressement et de leur amitié.

Moyen d'acquittement
pour l'arriéré.

(1) Pour acquitter l'arriéré dû, j'abandonnois par l'article 3 de l'acte proposé, la recette (sauf les frais journaliers) de toutes les premières représentations des pièces nouvelles, et offrois pour les cinq jours complémen-
taires, ou bien trois fois par an (à jour indiqué d'avance), la jouissance
de la salle pour donner, soit des concerts, soit des représentations dont le
produit seroit versé entre les mains d'un dépositaire nommé par les artistes.
Par l'article 7 dudit acte, je m'engageois à ne vendre ni céder tout ou
partie de mon droit à l'administration, qu'à la charge d'obliger mon ces-
sionnaire ou associé à l'exécution du traité, et notamment au payement de
l'arriéré, dans les termes et de la manière y portés.

Des trois cautionnés qui restoient à vaincre, j'aimois à croire que deux ne seroient point inexpugnables, et que le dernier seroit payé seul chaque soir intégralement pour sa honte, ou, ce qui eût été mieux, poliment congédié, d'après l'avis unanime de ses camarades. Dans cet espoir je m'occupois sérieusement de satisfaire à l'une des conditions par moi promises, au versement par anticipation à tout le monde du mois de germinal qui devoit être payé sur le pied de la réduction consentie. J'empruntois à cet effet sur un cautionnement en immeubles une somme de 36,000 francs, lorsqu'au lieu d'aller chez le notaire terminer l'opération, je fus conduit, le 29 ventose, au Temple, à l'époque de l'incendie de l'Odéon.

Détention du citoyen Sageret au Temple.

Aussitôt après ma détention, et pour en abréger la durée, les artistes de Feydeau (et j'en conserverai un souvenir éternel), spontanément et sans la moindre instigation de ma part, présentèrent au Directoire et au ministre de la police générale une pétition revêtue de leurs nombreuses signatures. Rézicourt seul ne voulut pas signer; son refus est la seule action franche que je lui aye vu faire : c'étoit avouer une haine bien prononcée. Sans doute alors il se crut assez fort pour lever le masque.

Les artistes de Feydeau le réclament auprès de plusieurs autorités.

Libre, le 11 germinal, à cinq heures du soir, j'étois à six au théâtre Feydeau. Félicité par tout le monde, embrassé par plus de soixante personnes, je fus accueilli comme un ami attendu depuis long-temps, je fus reçu comme un frère; mais (maudit soit le cautionnement infernal!) j'aperçus un peu de froideur dans l'accueil de deux ou trois aînés de la famille.

Il en sort le 11 germinal, an 7.

Cette remarque ne fut pas perdue pour moi, elle devint dès le soir même l'objet de mes réflexions, et je me dis : les progrès de l'intrigue dès long-temps dirigée contre moi sont sensibles, la malveillance a su mettre à profit les jours de ma détention, et puisqu'il me semble démontré que les principaux acteurs sont décidément séduits et dévoués, emprunter seroit jeter de l'argent dans un gouffre ouvert. Je ne risquerai pas cette inutile imprudence.

Remarques faites par lui, le soir même, au théâtre Feydeau.

Je me bornai donc à filer le temps pour avoir celui d'associer à mon exploitation quelque capitaliste qui apportât des fonds auxiliaires. En attendant, je laissai (ainsi que cela avoit eu lieu avant et pendant mon arrestation), je laissai les acteurs ou plutôt des commissaires nommés par eux disposer entièrement des recettes, à la charge de payer toujours les frais journaliers et notamment aux propriétaires chaque soir, sur la quittance de leur agent, une somme de 233 francs faisant 7000 francs par mois, dont 5000 francs pour le loyer, et 2000 francs pour acquittement partiel de l'arriéré dû, conformément à l'acte sous seing-privé du 29 nivose, acte qui fut ponctuellement exécuté pendant trois mois, à la connoissance et sous les yeux de plus de cinquante personnes.

Les propriétaires reçivent par chaque soir 233 francs, au lieu de 166 fr., et pourquoi.

Cependant pour servir les projets de Chignard et de Defays, une clôture du spectacle devenoit indispensable. Comment viser à me dépouiller sans cette précaution préliminaire ? c'étoit essayer l'impossible. On avoit vingt fois tenté de l'opérer cette clôture si nécessaire, un jour même on en étoit venu à bout ; mais dès le soir quelques artistes s'étoient rassemblés près de moi, et l'on avoit joué le lendemain.

Les cit. Chignard, Defays et Rézicourt ont absolument besoin de la clôture du théâtre.

Si le cautionnement des cinq étoit connu de tout le monde, il en résultoit qu'aucun d'eux, pas même le citoyen Rézicourt (1), ne pouvoit décemment refuser l'exercice de ses talens. Si l'on joint à cette obligation de jouer pour quelques-uns, le danger certain de la fermeture du théâtre pour tous les autres, on connoîtra pourquoi celle de Feydeau n'a été opérée que difficilement, malgré tous les soins qu'on a pris de l'accélérer.

Point de ressort qu'on ne fît jouer pour opérer cette clôture

---

(1) Fatigué de ne pouvoir nuire assez vite, il se détermina pourtant à prendre médecine pendant environ trois semaines, pour retarder la représentation de l'*Auteur dans son ménage*. Cet ouvrage devoit réussir. Un succès ranimoit le courage de tout le monde ; un succès apportoit de l'argent à la caisse et éloignoit l'espoir de la clôture. Mais la clôture ! cette chère clôture ! il falloit absolument l'obtenir.

tant attendue. Les Dufey, les Cochet, les Marillier s'éver-
tuent (1) ; le premier, plus adroit que les autres, est plus à
craindre ; le second se borne à épier sans cesse dans l'inté-

---

(1) Parmi les moyens odieux qui furent employés, il en est que je dois
reprocher au citoyen Dufey, caissier, d'autant plus coupable, qu'il avoit
depuis quatre années ma confiance entière. Je conçois que malgré les sommes
supplémentaires que je lui ai versées tous les mois, surtout depuis le commencement de l'opération relative à la réunion, il avoit (vu l'insuffisance
des recettes) une tenue de comptabilité difficile ; mais falloit-il pour cela
laisser arriérer les très-petits appointemens, de manière à irriter justement
les employés et les gagistes les plus nécessiteux ? A supposer que dans les
deux derniers mois il puisse alléguer pour excuse la volonté des commissaires
nommés par les artistes, comment excusera-t-il ces 1500 francs donnés un
soir, à l'insu de ces mêmes commissaires et sans ordre, pour deux termes
de loyer payés à la veuve Langlois, quand un seul étoit exigé impérieuse-
ment par elle, et quand le second étant à peine expiré, il étoit inutile de
le solder avec tant de précipitation ?

Comment excusera-t-il le payement intégral fait en un seul jour, des dépenses causées pour la mise d'un opéra nouveau et l'achat au comptant,
quinze jours avant la clôture, de divers effets et ustensiles de théâtre
qu'il étoit très-inutile d'acheter alors ? Voici le fait. On avoit dit au caissier :
« Epuisez de toutes les manières possibles vos recettes journalières, la répartition deviendra presque nulle pour les acteurs partageans, sauf pour les
cautionnés, le mécontentement général s'accroitra d'autant, et c'est ce qu'il
faut ». Le caissier obéissoit. Il obéissoit encore et me trompoit, quand à la
suite d'une conversation sérieuse où je lui avois expliqué comment un caissier
choisi par moi n'étoit véritablement qu'un délégué de confiance, ou plutôt
n'étoit autre chose que moi-même ; comment, par conséquent, les deniers
provenant de la recette devant être considérés entre ses mains comme dans
les miennes, ne pouvoient devenir susceptibles d'oppositions. Il me certifia
qu'il ne pensoit pas autrement que moi à cet égard. Je lui déclarai que pour
peu que ce ne fût pas son opinion, je ferois faire par un autre ou ferois
moi-même chaque soir la recette. Il me protesta que je devois être sans in-
quiétude, et m'assura qu'il ne recevroit jamais d'oppositions. Qu'arriva-t-il ?
Moins de quinze jours après sa parole donnée, on lui en présente une, et
d'après l'avis du citoyen Chignard, ainsi qu'il l'a déclaré lui-même alors
devant plus de dix témoins, il se trouve frappé de cette opposition et para-
lise ainsi une somme de 6050 francs, dont la distribution attendue avec
l'impatience du besoin, devoit se faire le jour même entre les artistes.

(marginal note:) Moyens employés pour y parvenir.

rieur de la salle, pour rendre compte à ses maîtres de ce qui se passe, à faire par fois au bureau central quelques ridicules et inutiles dénonciations, et à trotter de temps en temps chez les cautionnés pour établir la correspondance ou mendier des signatures; le troisième s'occupe à semer de faux bruits et la calomnie dans les coulisses, dans quelques boutiques au pourtour de la salle, et surtout dans les cafés du voisinage.

Trop foible pour faire seul tête à l'orage, je m'attachois plus sérieusement que jamais à former une société qui me prêtât un appui nécessaire, quand trois différentes compagnies se présentèrent. A la tête de l'une des trois étoit un ami du citoyen Juliet, et ç'eût été pour moi un puissant motif de rapprochement, si je n'avois été fortement pressé par les citoyens Vallée et Devismes, séduit par la nature de leurs offres (1), et déterminé en quelque sorte par le nom de Devismes qui, si le passé répond de l'avenir, doit présager des succès à une administration théâtrale.

D'accord sur nos conditions, les gens de loi consultés, après avoir pris connoissance de mon bail avec les propriétaires, conviennent unanimement du mode de l'acte. Ce sera une société pendant la durée de laquelle j'apporterai mes

Le citoyen Sageret se détermine à faire une société.

Pourquoi il choisit les cit. Vallée et Devismes.

---

(1)   *Offres des citoyens Vallée et Devismes.*

Le citoyen Sageret cédera ou transportera par forme d'association, ou de telle autre manière que les conseils des citoyens Vallée et Devismes indiqueront, ses droits au bail et à l'exploitation du théâtre Feydeau, *pour six années seulement*, moyennant une somme de 50,000 francs, payable dans les deux premières années, à raison de 12,500 francs par semestre, le versement d'environ 16 à 18,000 francs à faire à la caisse du Bureau central, dans les termes désignés; une somme annuelle de 6000 francs payable à raison de 500 francs par mois; la jouissance journalière d'une loge aux premières grillées, et la réserve par lui de six entrées transmissibles.

Ces propositions me donnoient une somme fixe à déléguer sur le champ à mes créanciers, ce qui calmoit toutes mes sollicitudes, et la certitude après l'expiration des six années de reprendre l'exploitation pendant les huit dernières années de mon bail de quinze ans.

droits

droits tant au bail qu'à l'exploitation, tandis que les co-inté-
ressés apporteront leurs fonds et leur surveillance. Nul ob-
stacle raisonnable ne pouvoit s'élever de la part de la compagnie
Portarieu, et pour faire part aux artistes de ces dispositions en nous assurant des leurs, nous nous rendons, le citoyen Vallée et moi, le 4 floréal, après le spectacle, à une
assemblée générale convoquée à cet effet. Le citoyen Vallée
y demande les modérations d'appointemens consenties lors
de l'arrangement avec moi, à la fin de ventose, et annonce
que tous les artistes seront conservés au moins pour l'année
entière. L'espérance et la joie brillent dans tous les yeux. Ce
plan concilioit à-la-fois les intérêts des propriétaires, des auteurs et de tous les artistes ; malheureusement il convenoit
aussi à mes créanciers et à moi : voilà pourquoi dès le lendemain de cette assemblée, et aussitôt que Defays en sût par
ses agens les motifs et le résultat, il courut en faire part à
Chignard, et celui-ci employa successivement pour s'y opposer
les ressources de la chicane, la bassesse des mensonges, et
le moyen honteux de la soustraction d'un acte dont l'exhibi-
tion à l'audience m'eût assuré le plus certain comme le plus
juste des triomphes.

Il faut lire le contenu des éternelles significations faites alors
aux citoyens Vallée et Devismes, pour juger de leur perfidie.
On alla jusqu'à faire former une opposition sur moi entre les
mains du citoyen Guyot, banquier, qui avoit des relations
avec le citoyen Vallée, mais dont je n'étois pas même
connu. Cette opposition est faite au nom d'une très-intime
amie de Defays.

Le but de toutes ces menées (rien n'est si clair) étoit de
porter l'épouvante chez mes futurs associés, pour les détourner de traiter avec moi.

En effet, malgré l'avis de son conseil qui, au cas de poursuites au nom de la compagnie Portarieu, ne voyoit qu'un
procès ridiculement intenté, dont l'issue ne pouvoit être douteuse pour les citoyens Devisme et Vallée, ce dernier parois-

Le citoyen Vallée se présente aux artistes assemblés.

L'arrangement proposé semble convenir à tout le monde.

Defays et Chignard s'y opposent, et par quels moyens.

K

Le citoyen Vallée va trouver Chignard.

sant répugner à un procès même excellent, fut trouver le citoyen Chignard ; c'étoit tout ce que celui-ci désiroit.

Trop fin pour se livrer dès la première entrevue , et surtout à un homme qu'il pouvoit présumer m'être dévoué , parce que, d'après les fréquentes communications que nous avions eues depuis quelque temps , ma franchise en affaires eût pu et dû peut-être appeler la sienne, Chignard se borne à expliquer au citoyen Vallée comment il lui seroit utile de traiter avec les propriétaires plutôt qu'avec moi , et comment il obtiendroit par ce moyen la facilité de faire les diminutions d'appointemens qu'il voudroit, comme aussi la faculté de

Comment Chignard s'empare de la confiance du citoyen Vallée.

rompre les engagemens des artistes qu'il jugeroit à propos d'exclure de son administration. Il l'assure (c'est toujours la première entrevue) (1) que l'intention des propriétaires est que je tire quelqu'avantage de l'affaire , puisque j'ai fait des dépenses en amélioration , et que rien ne doit empêcher que le traité quel qu'il soit , fait avec moi , ne reçoive son entière exécution.

Le citoyen Vallée me rend compte de sa visite chez Chignard ; et je lui dis que pourvu que nos arrangemens particuliers (*voy.* ci-devant page 72) n'éprouvent aucun changement , je me prêterai à tout ce qui sera utile à lui, ainsi qu'au citoyen Devismes.

Conférences relatives à un nouveau bail

Alors commencèrent les conférences relatives à la rédaction d'un nouveau bail entre les conseils de la compagnie Portarieu, les citoyens Vallée, Devismes et un troisième intéressé qui paroît ici pour la première fois sur la scène , le citoyen Georges d'Épinay qui bientôt (quand on aura fait disparoître le citoyen Devismes) va trouver un troisième collègue dans le citoyen Rézicourt.

(1) Dès la seconde conférence , Chignard plus hardi demanda 24,000 fr. soit payables en mon acquit , si je devois à la compagnie Portarieu , soit *à titre de pot-de-vin*, si par l'événement des comptes la compagnie Portarieu me redevoit. Il déclara aussi qu'il n'entendoit pas qu'au bout de six années je pusse rentrer dans mon bail et reprendre mon administration.

Avec de la bonne foi il n'eût fallu que deux ou trois heures pour passer ce nouveau bail, car le mien, à très-peu de chose près, servoit de modèle; mais pour parvenir à leurs fins, Chignard et Defays avoient besoin de laisser s'écouler un peu de temps. Aussi présenta-t-on d'abord un in-folio encyclopédique, une longue et fastidieuse rapsodie décorée du nom de projet de, bail, dont la lecture seulement employa toute la première séance. C'étoit un moyen sûr de ne pas terminer trop vîte, et il falloit gagner cinq à six jours.

Lenteur apportée à sa rédaction.

Dans cet intervalle, Chignard profitant de ma trop confiante bonne volonté, fit sans aucune résistance de ma part les citations devant le juge de paix et autres actes nécessaires pour marcher rapidement à la résiliation de mon bail. Les Dufey, les Cochet, les Marillier proclamoient partout comme infaillible le traité avec Vallée et Devismes; Chignard et Defays prétextoient seulement quelques légères difficultés, quand on fit astucieusement insinuer aux artistes, et particulièrement à ceux de l'orchestre, que le moyen le plus court et le plus sûr de tout terminer, étoit de fermer quelques jours le théâtre, parce que les propriétaires privés de toucher les 233 fr. 6 s. 8 d. qui leur revenoient chaque soir, se hâteroient de signer le bail pour remettre en activité le théâtre sous la nouvelle administration, et que si l'on cessoit de jouer le 15 floréal, on ouvriroit le 18 ou tout au plus tard le 20.

Quel est le but de ces délais.

Tour d'adresse pour arriver à la clôture du théâtre.

Ce raisonnement étoit trop spécieux pour ne pas sembler parfaitement juste. Les artistes devoient d'autant plus y croire, que la plûpart d'entre eux avoient déjà des bons pour avances sur appointemens, signés Vallée. Ils aperçurent trop tard le piége; on joua pour la dernière fois, le 14 floréal de l'an 7.

Le voilà donc enfin rempli le but criminel des machinations infernales des Chignard, des Defays, des Rézicourt et de leurs agens. Le théâtre Feydeau est fermé! Dès le lendemain de la clôture, des demandes ridicules sont faites aux nouveaux preneurs, des charges honteuses leur sont imposées, et les conférences relatives au bail sont rompues. Mais pour couvrir aux

Fermeture du théâtre Feydeau, le 15 floréal, an 7.

yeux des acteurs cette conduite machiavélique du voile d'une protection bienveillante et paternelle, on répand le bruit, et le citoyen Rézicourt lui-même va l'annoncer à la citoyenne Scio, que les propriétaires ne terminent point avec les nouveaux preneurs, parce que ceux-ci tiennent à une clause qui leur laisse le droit de mettre au théâtre Feydeau l'opéra-bouffon italien, et que les propriétaires ne veulent pas souffrir un genre qui puisse l'emporter sur l'opéra français, et l'exclure peut-être par la suite (1).

Bientôt on éloigna le citoyen Devismes qui pourtant présentoit un cautionnement en immeubles de 110,000 francs, et comme il étoit temps de récompenser le citoyen Rézicourt et ses subalternes collaborateurs, on mit le chef en tiers avec les citoyens Vallée et d'Épinay, à la charge de conserver ou donner des places lucratives aux agens, ce qui fut promis (2).

Cependant aussitôt après la rupture des conférences, Chignard redouble de vitesse et d'acharnement pour poursuivre la résiliation de mon bail. Il assigne d'abord en simple référé, le référé est renvoyé à l'audience. Fort de la bonté de ma cause, je me défends foiblement. Mon adversaire s'enhardit. Bientôt on plaide sur le fond, et c'est là qu'après deux audiences (et peut-être un peu tard), pour opposer aux virulentes diatribes de Chignard, à ses assertions mensongères et calomnieuses le calme et l'éclat de la vérité, je me détermine à prendre un défenseur officieux.

Rupture des conférences relatives au nouveau bail.

Le citoyen Devismes est remplacé par le cit. Forges-d'Épinay.

Chignard poursuit sans relâche la résiliation du bail du cit. Sageret.

---

(1) La vérité étoit (car il faut établir exactement les faits) que l'on avoit demandé la possibilité de mettre momentanément des bouffons italiens, si par hasard cela convenoit au bien de l'entreprise pendant le cours du bail ; mais que Devismes seul tenoit à cette idée, tandis que les citoyens Vallée et d'Epinay n'y tenoient pas et l'avoient nettement déclaré aux propriétaires en ma présence. Par conséquent, la majorité disoit non ; ce n'étoit donc pas une difficulté, ce fut un prétexte.

(2) Pour récompense de leurs services signalés, le citoyen *Cocket* conserve dans la nouvelle organisation du théâtre la surintendance d'*agent-général* ; le cit. *Dufey* s'intitule pompeusement *chef des bureaux d'administration* ; et le cit. *Marillier* est décoré du titre de *concierge-costumier* ou *costumier-concierge* !!! (*voyez* l'Almanach des Spectacles pour l'an 8).

D'après les comptes produits par la compagnie Portarieu ,
j'avois payé beaucoup au-delà des loyers dûs. La compagnie
Portarieu avoit touché 114,500 francs et pour dix-neuf mois
de jouissance de mon bail, au prix de 5000 francs par mois,
je n'avois dû payer que 95,000 francs , j'avois donc versé
19,500 francs de plus que le montant de tous les loyers , et
si j'étois arriéré pour l'acquittement d'une partie de la quinzième et dernière année payable par anticipation , une plus-
value de mobilier considérable créé par moi, et plus de
120,000 francs dépensés pour la restauration de la salle ,
ces deux objets (sans parler de l'acte du 29 nivose) militoient
assez victorieusement en ma faveur pour empêcher l'effet de
toute demande en résiliation.

Marche de la procédure.

Mon défenseur exposa simplement et franchement ces faits
au tribunal.

Le citoyen Chignard s'arma de la clôture du théâtre (1), il
présenta le cautionnement des cinq comme un bienfait en ma
faveur (2). Il prétendit que je n'avois pas le droit d'imputer sur
l'acquittement des loyers les 114,000 francs que j'avois payés (3) ;

---

(1) On vient de voir par quels moyens lui et les siens l'avoient provoquée.

(2) J'ai démontré que ce cautionnement perfide fut donné à mon insu. En
établissant une ligne de démarcation entre les acteurs , c'étoit s'assurer de
la désorganisation de l'entreprise.

(3) C'étoit nier le principe incontestable , que tout débiteur a le droit
d'acquitter d'abord *la delte la plus dure*. Mais comme il étoit important de
tâcher de prouver que des loyers étoient dûs , le caissier Dufey , par une
suite d'abus de confiance , échangea des quittances qui se trouvoient dans
les pièces de ses comptes , contre des quittances nouvelles , libellées de
manière à dénaturer les imputations. Plusieurs de ces quittances sont écrites
de la main même du citoyen Defays , et c'est de sa part une imprudence
ou une distraction inconcevables , par ce qu'il ne compromet ordinairement
que ses agens et ses prête-noms.

C'étoit par ces moyens très-simples que l'on vouloit faire disparoître les
preuves de l'acte du 29 nivose , en anéantissant des quittances journalières
portant imputation expresse sur les loyers de la salle , et signées Cochet ,
agent des propriétaires. Mais il eût fallu en anéantir pareillement plusieurs

enfin, pour se procurer un appui qu'il crut nécessaire, il sollicita l'intervention des artistes, leur fit demander la prompte ouverture du théâtre, pour remédier (ce sont ses termes) *à leur honorable misère* (1). Cette intervention fut plus difficile à obtenir que ne l'avoit été la pétition relative à ma liberté lors de ma détention au Temple. Enfin, à force de sollicitations, on se procura quelques signatures (2), et l'on parvint à faire un moment figurer les acteurs de Feydeau dans un procès qui n'eût jamais existé, si l'on se fût véritablement occupé de leurs intérêts.

Les acteurs séduits par l'espoir d'une ouverture prochaine du théâtre, interviennent au procès.

Ici se présente un fait que je m'abstiendrai de qualifier. Il s'agit de cet acte accordant délai pour l'arriéré dû, et établissant qu'il seroit payé à raison de 66 fr. 13 s. 4 d. par jour, faisant 2000 francs par mois, jusqu'à parfait acquittement, acte si chèrement (*voyez* page 64), connu de tous les artistes, et exécuté sous les yeux et par les ordres des divers commissaires pendant leur gestion, et en vertu duquel l'agent des propriétaires, le citoyen Cochet, a reçu chaque soir, depuis le premier pluviose jusqu'à la clôture du théâtre, 233 fr. 6 s. 8 d.; savoir 166 fr. 13 s. 4 d. imputables sur les loyers courants, et 66 fr. 13 s. 4 d. pour l'arriéré dû.

---

qui existent entre mes mains et ont été données par Cochet pendant un intervalle où j'avois heureusement retiré au citoyen Dufey la manutention de la caisse. Ces faits, ainsi que plusieurs autres très-essentiels pour moi, n'ont point été articulés à l'audience, parce que ce n'est que depuis le jugement que je me suis procuré les pièces et les preuves.

(1) Misérable! après le jugement tu les laisses près de trois mois sans secours, tu les vends moyennant 24,000 francs de pot-de-vin; tu fais chasser et mettre sans pain ceux qui, fidelles à leur devoir, ont apporté le plus de résistance à la clôture que tu as si long-temps attendue.

(2) Pour y réussir, l'agent Cochet commanda à grand bruit les décorations de *Romagnesi*, qui ne servirent que cinq mois après. Il courut chez divers acteurs, criant par tout qu'on n'attendoit que le jugement du procès pour ouvrir sur le champ le théâtre, donner des avances aux artistes, etc. etc. Que de courses! que de messages! et à quelle fin?

J'ai dit plus haut (page 65) que le 29 nivose , an 7 , aussitôt après la signature du sous seing-privé dont il s'agit ici , et de l'acte de dépôt de mon bail, le citoyen Boucher, principal clerc du citoyen Lefebvre-Saint-Maur, notaire, s'étoit retiré du bureau d'administration entre dix et onze heures du soir avec ces actes mis en règle. Dans la liasse qu'il remporta se trouvoient les deux doubles du sous seing-privé qui m'avoit coûté tant de sacrifices. Dépositaire, il devoit me remettre mon double dès l'instant où je le lui demanderois, et j'avoue que je fus excessivement surpris quand, passant à son étude pendant le cours du procès, et lui redemandant ce qui m'appartenoit , il me dit vaguement avoir remis au citoyen Chignard divers papiers relatifs à l'administration Feydeau, mais dont il ignoroit précisément la nature et le contenu. Au reste il se rappela parfaitement que les deux doubles du sous seing-privé avoient été copiés dans son étude d'après un modèle communiqué, lus par Chignard lui-même au bureau de l'administration, le 29 nivose, entre huit et neuf heures du soir, et revêtus ensuite de la signature de Portariéu et de la mienne.

Moyen très-curieux de défense employé par le citoyen Chignard.

Le double qui m'appartenoit ne se trouvant pas entre les mains du citoyen Boucher, il devoit être entre celles du citoyen Chignard. Mon défenseur avoit intérêt de le produire. Des capitalistes (et il né s'agissoit plus alors des citoyens Vallée et Georges d'Épinay) avec lesquels je venois de contracter une société utile au soutien de l'entreprise, avoient consenti au payement de l'arriéré dû, mais à raison de 2000 francs par mois, conformément à cet acte. Il étoit donc utile de l'avoir, et d'après ma conversation avec le citoyen Boucher, je pris le parti d'aller chez le citoyen Chignard pour le lui demander, bien persuadé qu'il n'auroit pas l'audace de me le refuser.

Je ne salirai point inutilement ces feuilles en rapportant ce qui fut dit dans cette entrevue. Si le citoyen Chignard veut le premier rendre publiques les expressions dont il s'est servi vis-à-vis de moi, je promets de rétablir alors la conversation toute entière, et c'est lui qui l'aura voulu. Quant à présent, je me borne à rapporter ces mots qu'il ne peut nier : *je ne donne point d'armes contre moi, et quand j'ai commencé à plaider, je ne réponds qu'à l'audience.* Stupeur, suffocation, désir d'extermination et de vengeance, j'éprouvai tout ce que la rage concentrée peut produire, et quand je quittai Chignard, j'avois senti pour la première fois de ma vie que l'on peut en un moment devenir coupable d'un crime.

Le conseils du citoyen agerct l'invitent à rea-re plainte.

Rendre plainte, faire interroger sur faits et articles, poursuivre au criminel, cette marche me fut indiquée par mes conseils ; mais on m'observa que l'action criminelle suspendoit l'action civile, que par conséquent j'empêcherois le tribunal de prononcer un jugement, et prolongerois indéfiniment la clôture du théâtre.

Ce fut dans cette circonstance que je donnai véritablement aux artistes de Feydeau la plus grande preuve de l'attachement que j'ai voué à tous, malgré les torts de quelques-uns. Je sacrifiai mes plus chers intérêts au désir de voir promptement le théâtre en activité, quelque fût l'événement du procès. Je me déterminai

Il s'y refuse pour ne prolonger la clôture théâtre Feydeau.

donc à faire une simple signification au citoyen Lefebvre-Saint-Maur, notaire, pour me mettre en mesure de poursuivre par la suite, quand bon me sembleroit, et à écrire au président du tribunal saisi de l'instance pendante entre la compagnie Portarieu et moi, une lettre qui parut alors dans plusieurs journaux, et que je rapporte ici textuellement (1).

---

(1) *Sageret, administrateur du théâtre Feydeau, au citoyen président de la première section du tribunal civil du département de la Seine.*

21 prairial, an 7.

Citoyen président,

J'ignore jusqu'à quel point on peut se permettre à l'audience les injures et les calomnies. Ces moyens odieux ne conviennent ni à mon défenseur, ni à moi ; aussi n'usons-nous à cet égard d'aucune réciprocité.

Mais il existe un acte important que je ne puis produire, parce que mes adversaires m'en ont ôté les moyens.

Avant que le tribunal prononce dans l'affaire de la résiliation du bail du théâtre Feydeau, ne peut-on pas demander au citoyen Chignard, défenseur des propriétaires, et propriétaire lui-même, ce qu'est devenu l'acte sous

Cette

Cette lettre tardive ne précéda que d'un jour le jugement rendu en première instance, le 22 prairial de l'an 7. Ce jugement, après avoir déclaré non recevables dans leurs intervention et demande et condamné aux frais les acteurs du théâtre Feydeau, ordonne que *dans la décade*, le citoyen Sageret sera tenu de payer à la compagnie Portarieu en deniers ou quittances les sommes dont il se trouve redevable, en exécution du bail; comme aussi de remettre dans le même délai le théâtre en activité, *tel qu'il étoit avant la cessation*; sinon et faute par le citoyen Sageret de ce faire dans ledit délai et icelui passé, le tribunal déclare ledit bail résilié; et en ce qui touche la demande dudit citoyen Portarieu et compagnie, afin d'exécution provisoire du jugement, le tribunal ordonne, *attendu qu'il s'agit d'un établissement public, dont la non activité compromet l'état et l'existence d'un grand nombre de personnes y attachées*, que le jugement, en cas d'appel, sera exécuté par provision, nonobstant toutes oppositions et appellations quelconques et sans y préjudicier, à la charge par ladite compagnie Portarieu de tenir ou faire tenir un état des recettes et dépenses journalières dudit théâtre, etc. etc. etc.

Jugement en première instance.

Motifs de l'exécution provisoire.

seing-privé souscrit par le citoyen Portarieu et moi, le 29 nivose dernier, et pour lequel lui Chignard a exigé de moi tant de sacrifices; s'il se souvient que par cet acte des délais me furent accordés pour qu'à l'avenir l'arriéré dû de telle nature qu'il fût, se payât sur les recettes journalières à raison de 66 francs par jour, faisant 2000 francs par mois.

Si contre mon attente le citoyen Chignard jetoit quelques doutes sur l'existence de cet acte connu de plus de cinquante personnes, puisqu'il a été long-temps exécuté par les artistes et par moi, je lui observerois qu'il y a plus que de l'imprudence à avoir, dans le compte fourni par lui-même, donné la preuve que ces conventions nouvelles ont reçu pendant trois mois leur exécution, d'avoir permis au citoyen Cochet, agent des propriétaires, de prélever chaque soir, depuis l'époque dudit acte, 233 francs au lieu de 166, et d'en donner des quittances qui, malgré la disparution des deux doubles de l'acte et au cas de dénégation, prouveroient encore son existence.

La réponse aux interpellations faites au citoyen Chignard pourroit éclairer le tribunal; je vous soumets, citoyen président, ces observations, que je crois importantes. Salut et respect, *Signé* SAGERET.

L

Mes associés n'avoient à leur disposition qu'une somme de 70,000 francs; obligés, d'après l'honnête procédé de Chignard, *Effet de la soustraction de l'acte du 19 nivôse.* de renoncer à la certitude de solder l'arriéré dû à la compagnie Portarieu par le versement commode et doux de 66 fr. 13 s. 4 d. par chaque soir, ils ne voulurent pas risquer de se dénuer de leurs fonds indispensables pour quelques avances aux artistes, passer le reste de l'été et subvenir à la dépense nécessaire pour la mise au théâtre de pièces nouvelles. Ils s'occupèrent vaine- ment à chercher un supplément à leurs capitaux; les dix jours *Le bail de Feydeau échappe au cit. Sageret, le 2 messidor, an 7.* s'écoulèrent, et *le 2 messidor, an 7,* la compagnie Portarieu eut le droit d'ouvrir le théâtre de Feydeau *provisoirement.*

Ce ne fut que le 15 fructidor suivant, c'est-à-dire deux mois et demi après, qu'il fût agréable ou commode à Defays et Chi- gnard d'user de ce droit qu'ils avoient été si empressés de m'arracher.

Les deux pourquoi? Pourquoi ce long intervalle, quand le but paternel du tribu- nal, en accordant une exécution provisoire, ne fut pas d'assou- vir la haine et la vengeance, mais de rendre promptement l'activité et la vie à un établissement public et à tous les indivi- dus qu'il faisoit exister?

Pourquoi cette expulsion de ceux mêmes des artistes dont on a mendié les signatures, quand on a eu besoin de leur appui pour me dépouiller? Est-ce la misère et la faim qu'ils devoient attendre pour prix de leur facile complaisance? Mais qu'im- porte à Defays et Chignard de perdre ceux qui n'ont été qu'un seul moment et involontairement encore leurs complices? Ils les ont indignement séduits; ils les abandonnent plus indignement encore. Ce n'est qu'à leurs anciens et sûrs affidés qu'ils tiennent, et le nombre, comme on a pu le voir, est très-petit, parce que peu de gens ont le degré de bassesse nécessaire pour mériter leur protection.

But et résultat de toute l'intrigue. Ma disparution, l'appropriation d'un immense mobilier créé par moi en décorations et costumes, le vol de plus de 120,000 fr. de dépenses faites pour l'embellissement de la salle, un pot-de- vin de 24,000 francs, voilà, avec le plaisir de se venger, le but de tant de friponneries et d'intrigues. Une administration dans laquelle se trouvoit un des complices promettoit en quelque sorte de sanctionner ces avantages ; on fit de l'admission du cit. Rézicourt une condition expresse aux nouveaux entrepreneurs.

Peut-être cette administration appelée par la compagnie Portarieu a-t-elle la faculté de ne reconnoître aucune dette de mon fait, peut-être (et la clôture prolongée depuis l'époque du jugement jusqu'au 15 fructidor doit y avoir puissamment contribué), peut-être a-t-elle aujourd'hui la force d'exiger des artistes les réductions qui lui conviennent ; peut-être a-t-elle la possibilité de commander des sacrifices aux compositeurs de musique et aux gens de lettres ; je n'entre point dans ces discussions auxquelles je dois être absolument étranger. Mais cette administration *provisoire* peut-elle tenir de la compagnie Portarieu des droits que cette compagnie n'a pas elle-même ? c'est ce qui s'examinera, *Questions à examiner aux tribunaux d'appel.* entre autres choses, aux tribunaux d'appel ; et bientôt sans doute, après avoir dévoilé tant de turpitudes et d'infamies, marqué du sceau de l'ignominie les auteurs et les complices de ma spoliation momentanée, éclairé les honnêtes et paisibles actionnaires du théâtre Feydeau sur le danger de laisser deux individus disposer seuls à leur gré de la propriété commune à tous, et commettre en leurs noms, quoique sans leur aveu, des atrocités et des injustices, je recouvrerai la jouissance d'un bail sur la foi duquel j'ai employé plus de 160,000 francs tant en mobilier qu'en restauration de la salle. Je rentrerai dans une administration où avec de la bonne foi, on n'a pu me reprocher qu'un peu *Espoir du cit. Sageret.* trop de facilité dans les dépenses, tort excusable sans doute aux yeux de tout le monde pendant la durée du papier-monnoie, et pardonnable aux miens seuls peut-être depuis la rentrée du numéraire (1). Je reprendrai seul ou avec des associés dont je

(1) Si je ne suis pas tenté de donner ici connoissance de plus de vingt missives anonymes adressées, tantôt à moi, tantôt plus charitablement à mon père pour jeter l'effroi par des menaces épouvantables, et tâcher de m'inviter à me cacher ou à fuir, ce qui depuis l'ouverture des trois théâtres eût été commode à bien des gens, je ne résiste point au désir de donner

pourrai m'honórer en les nommant, l'exploitation d'un théâtre
que j'ai soutenu au milieu des crises révolutionnaires, où j'ai
long-temps et soigneusement conservé quelques précieux débris
de la Comédie-Française, que j'ai fait servir en quelque sorte de
berceau à sa renaissance, dont j'ai seul empêché la clôture à
la fin de fructidor de l'an 5, et qu'au 9 brumaire de l'an 7, j'ai
rendu aux artistes de l'Opéra-Feydeau, c'est-à-dire à ses véri-
tables fondateurs.

SAGERET.

copie d'une lettre que j'ai reçue le 20 fructidor dernier, et qui est ainsi
conçue :

» « Ne perdez pas courage, mon cher directeur ; et quand vous entendrez
» déclamer contre vous des gens qui pour la plupart ont eu à s'en louer,
» songez qu'au fait ce qui a été trop généreusement accordé par vous à tant
» de demandeurs dans des instans de prospérité, peut compenser et au-delà
» ce qui n'a pu être payé dans des momens difficiles, quand des coquins
» (car j'appelle un chat, un chat) ont tout brouillé dans l'entreprise. Tel
» à qui vous devez quatre mois d'appointemens, qui est resté pendant trois
» ans et demi dans votre administration, au prix trop haut de 9000 fr. par
» an, qu'il ne valoit pas, et est payé aujourd'hui sur le pied de 6000 fr.
» qui est sa juste valeur, n'auroit eu à ce dernier taux, pour ses trois ans
» et demi, que 21,000 fr., tandis qu'il a réellement touché de vous 28,500 fr.
» Quoique vous soyez en retard avec lui, est-il donc à plaindre ? Il a beau
» crier que quatre mois lui sont dûs, il est de fait qu'il a reçu de vous pendant
» tout le temps qu'il a été votre pensionnaire, 7500 fr. de plus que ce qu'il
» auroit eu en prenant pour base son engagement avec les arrivans ; et notez
» que dans ces quatre mois il y en a eu deux de clôture pour arranger la
» salle ; et notez encore que l'opéra ne jouoit sous vous que quinze jours
» par mois. Eh bien, mon cher directeur, tout le monde à Feydeau est
» dans le même cas. Mais patience ! patience » !

Salut et franche amitié,

Signé B...., artiste attaché au théâtre Feydeau.

N. B. Je déclare qu'en aimant à trouver dans cette lettre les consolations
de l'amitié, je suis loin d'en regarder les principes comme incontestables.
Ma profession de foi est que tout administrateur en retard de payer est inexcu-
sable, qu'il est tenu de s'acquitter, soit intégralement, soit par transac-
tion, parce qu'il a dû réfléchir avant de s'engager; et que s'il s'est trompé
par ineptie ou par foiblesse, c'est à ses risques.

COMPTE

PRÉSENTÉ AVEC LES PIÈCES A L'APPUI,

Le premier ventose, an 7,

AUX COMMISSAIRES NOMMÉS PAR LE MINISTRE DE L'INTÉRIEUR (1).

COMÉDIE FRANÇAISE.

CHAPITRE PREMIER.

Produit de la recette.

		liv.	s.	d.
Cote 1re. Recette pour les quinze jours de représentations du mois de ventose, an 6. .		27,585	»	6.
C. 2. *Idem.* pour germinal.		31,854	13	5.
C. 3. floréal.		24,947	17	10.
C. 4. prairial.		21,858	3	»
C. 5. messidor.		20,080	17	»
C. 6. thermidor.		21,503	7	»
C. 7. fructidor, pour neuf représentations au 18 dudit. . .		12,763	14	7.

Ouverture du théâtre français de la République.

C. 8. { Recette du 19 fructidor au 30 dudit.	36,503	2	3.	
5 jours complémentaires.	8,499	6	10.	
C. 9. { vendémiaire, an 7. . .	74,907	19	3.	
C.10. { brumaire.	59,437	»	4.	276,875 10 7.
C.11. } frimaire {15 p...j. 23,373 8 11.} {15 d...j. 22,747 18 »}	52,418	6	11.	
C.12. nivose.	45,109	15	»	

	liv.	s.	d.
Total.....	437,469	3	11.

---

(1) Copie du présent compte a été remise à chacun des citoyens Directeurs dans les premiers jours de ventose, an 7. Mais comme il étoit impossible de donner en même-temps copie entière des quittances et pièces à l'appui, on osa produire des notes infidelles en dépense pour tromper les membres du directoire, mettre sous leurs yeux de faux résultats, me perdre et hériter de moi.

Deux sortes de gens devoient vouloir ma ruine, ceux dont j'avois blessé l'amour-propre, en produisant le tableau de réduction basée sur le talent et l'utilité, ceux surtout dont j'avois fortement contrarié l'opinion et vaincu la résistance en les forçant de passer au théâtre de la République.......... *Et le ministre ne m'a pas accordé le moindre appui!!!* Et la commission s'est rendue *arbitrairement* maîtresse de la fortune de mes créanciers et de mon sort !!!

C. 13.

CHAPITRE II.

Abonnemens et location. des loges à l'année.

Pour location de loges à l'année , à compter
du 19 fructidor , an 6, jusqu'au 1er. pluviose, an 7, et abonnemens (1) pendant
cet intervalle. . . . . 27,000 » »

CHAPITRE III.

Sommes reçues du citoyen Verninac.

Reçu dans l'intervalle de six mois , en
divers à-comptes ,

S A V O I R :

1°. En numéraire. 197,000
2°. En cédules hypothécaires de 3e. et 4e.
annuités , environ 100,000 liv. qui à } 217,000 » »
20 pour cent ne produisent que. . . 20,000

Total..... 217,000 » »

Nota. Ces cédules sont pour biens situés en Belgique et sur des
particuliers qui n'ont pas même soldé le premier payement.

RÉCAPITULATION de la Recette.

Chapitre Ier. Recette journalière et à la porte. 437,469 3 11.
II. *Idem.* Abonnemens et location
de loges. . . . . . . 27,000 » »
III. *Idem,* du citoyen Verninac. . 217,000 » »

Total général de la recette....... 681,469 3 11.

(1) On ne porte en recette que le tiers des abonnemens, les abonnemens ayant
été faits pour les trois théâtres.

DÉPENSE

Du premier ventose, an 6, au premier pluviose, an 7.

CHAPITRE PREMIER.

Appointemens.

ÉPOQUES.	DÉNOMINATION DES PAYEMENS.	SOMMES PAYÉES PAR MOIS.		
	§. I.er *Payemens déterminés pour les mois auxquels ils ont rapport.*			
Ventose, an 6. (1) D'après les engagemens, la plupart de ces artistes n'avoient droit de recevoir et n'ont reçu que la moitié de leur traitement, sans que l'autre restât arriérée. Cote 14.	Aux artistes précédemment employés au théâtre de la rue Feydeau. . . 21,366 13 4. Aux employés à l'administration. . . 2,331 » ». Aux postes, ouvriers, etc. . . . 1,760 2 » Aux artistes récemment engagés pendant les travaux de la salle (1). . 7,416 13 4.	32,875	8	8.
Germinal. Même observation que ci-dessus. Cote 15.	Aux artistes précédemment employés à Feydeau. . . . . 21,450 » » Aux employés à l'administration. . . 1,793 » » Aux postes et ouvriers. . . . . 1,945 » » Aux artistes récemment engagés. . . 7,816 13 4.	33,004	13	4.
Floréal. (2) A compter de ce mois, les appointemens ont été payés en entier et quelques-uns ont joué au théâtre Feydeau. Cote 16.	Aux artistes précédemment employés. 21,100 » » Aux employés. . . . . 1,760 » » Aux postes et ouvriers. . . . . 1,990 13 1. Aux artistes récemment engagés (2). 13,783 6 8.	39,733	19	9.
Prairial. Cote 17.	Aux artistes précédemment employés, sois à ceux récemment engagés. . 35,983 6 8. Aux employés. . . . . . . 1,475 » ». Aux postes et ouvriers. . . . . 2,078 17 ».	39,537	3	8.
Messidor. Cote 18.	Aux artistes. . . . . 36,283 13 4. Aux employés. . . . . . . 2,123 » » Aux postes et ouvriers. . . . . 2,070 7 6.	40,477	10	»
Thermidor. Cote 19.	Aux artistes. . . . . 31,647 9 4. Aux employés. . . . . . . 1,849 15 » Aux postes et ouvriers. . . . . 1,830 19 2.	35,328	3	10.
Fructidor, jusqu'au 19 seulement, époque de l'ouverture du théâtre rue de la Loi. Cote 20.	Aux artistes. . . . . 23,232 6 8. Aux employés. . . . . . . 1,310 » » Aux postes et ouvriers. . . . . 1,840 14 2.	26,383	»	10.
	Total.	**247,339**	**1**	**11.**

Nota. Les appointemens ci-dessus ont été payés, partie avec les recettes du 1.er ventose au 19 fructidor, et partie avec celles du 19 fructidor au 1.er pluviose.

§. II.

PAYEMENS PAR A-COMPTE SUR L'ARRIÉRÉ.

Payemens des appointemens depuis le 19 fructidor, an 6, époque de l'ouverture, jusqu'au 1er. pluviose, an 7.

Nota. On ne fera plus les divisions par mois, attendu que les payemens ne se sont pas suivis exactement.

1°. Il a été payé aux artistes en appointemens et par à-comptes :

C. 21.   1°. D'après le compte du citoyen Dufey, du 19 fructidor au 15 frimaire, époque où il a cessé cette partie de la comptabilité. . . . . 16,545 9 4.

C. 22.   2°. D'après le compte du citoyen Corneille, du 15 frimaire au 1er. nivose. . . . . . 21,176 13 4.

C. 23.   3°. D'après le compte dudit pour le mois de nivose. . . . . 11,965 11 »

                             49,687 13 8.

2°. Aux employés, postes et ouvriers :

C. 21.   1°. D'après le compte du citoyen Dufey. . . 12,176 12 »

C. 22.   2°. *Idem.* du citoyen Corneille, deuxième quinzaine de frimaire. . . . . 3,343 6 8.

C. 23.   3°. *Deuxième compte de Corneille pour nivose.* 3,914 5 »

                             19,434 3 8.

C. 24.   3°. A l'agent général du théâtre, sur ses reçus. . . . . 3,208 » »

Au citoyen Gros, ancien concierge, sur sa reconnoissance. . . . . 400 » »

               Total. . . . 72,729 13 4.

Payement des appointemens jusqu'au 19 fructidor. . . . . 247,339 10 11.

Total des appointemens payés dans le cours de onze mois. . . . . . 320,069 8 3.

CHAPITRE II.

Honoraires d'auteurs.

C. 25. Ventose, an 6.	3,188	19	8.
Germinal.	698	18	6.
Floréal.	3,146	4	»
Prairial.	2,075	9	9.
Messidor.	2,588	12	7.
Thermidor.	1,241	8	»
Fructidor, du 1er. au 19 dudit. . . .	2,589	11	2.
Corneille { fructidor, 19 au 15 frimaire. .	3,113	10	»
nivose.	3,153	10	»
Total.	21,793	3	8.

CHAPITRE III.

Garde militaire, pompiers et figurans.

C. 26.

Ventose.	586	5	»
Germinal.	581	5	»
Floréal.	581	5	»
Prairial.	738	10	»
Messidor.	719	5	»
Thermidor.	746	5	»
Fructidor, du 1er. au 18 dudit.	746	5	»
du 19 dudit au 15 frimaire, . . .	464	»	»
du 15 frimaire au 1er. nivose. .	476	»	»
Nivose.	1,533	5	»
Total.	9,780	5	»

CHAPITRE IV.

Loyers pour la portion à la charge de la
Comédie-Française particulièrement.

C. 27. 1°. Aux propriétaires de la salle de Feydeau,
à compter du 1er. ventose, an 6, au 1er.
prairial, trois mois à raison de 3000 liv.
par mois. . . . . 9.000 » »

   Note. On ne porte que cette somme, parce qu'elle
seule a été réellement payée ; le surplus, depuis le 1er.
prairial au 19 fructidor, s'acquitte par un arrangement
particulier entre le citoyen Sageret et les propriétaires. *Mémoire.*

C. 27. 2°. A la citoyenne Langlois, pour loyer des
loges d'acteurs pour six mois (ventose à
fructidor), 1500 liv., dont moitié à la
charge de la Comédie-Française. . . . 750 » »

   3°. Au citoyen Hassenfrax, pour six mois
de loyer du grand sallon pour les décorations, à 200 liv. par mois, dont moitié
à la charge de la Comédie-Française. . 600 » »

   Total. . . . . 10,350 » »

M

CHAPITRE V.

Avances, pots-de-vin et gratifications.

C. 28.

1°. A la compagnie Portarieu, pour obtenir la rétrocession des engagemens de la Comédie-Française, nécessaire pour parvenir à la réunion. . . . . 20,000 » »

2°. Divers payemens faits aux propriétaires de la salle de Feydeau, pour raison des loyers, conformément aux conventions portées par le bail passé lors de ladite rétrocession. . . . . 45,000 » »

3°. Payemens par anticipation de la vingt-unième année du bail de la salle rue de la Loi, convenu au total à 60,000 liv. dont j'ai déjà payé au citoyen Cormeille, en deux payemens :

1°. . . . . 20,000 »
2°. En divers à-comptes donnés par le cit. Dufey. 4,603 10. } 24,603 10 »

4°. Payé au citoyen Gaillard lors de la passation du bail de la République, suivant sa quittance. . . . . 6,000 » »

5°. A la citoyenne Contat l'aînée, sept mois de gratification à 500 liv. chaque,

depuis et compris ventose jusqu'en fructidor. . . . 3,500 »
Du 1er. fructidor au 15 frimaire. . . . . 20,000 } 25,276 » »
37 feux à 48 liv. { du 1er. fructidor au 15 frimaire. 1,441.
{ du 15 frimaire au 1 nivose. 361. } 1,776.
{ nivose. . . . . 316.

6°. Au citoyen Fleury. . . . . 12,000 » »

7°. Au citoyen Talma { 1°. lors de son engagement. 2,000. } 5,000 » »
{ 2°. le 15 messidor, en avance. 3,000. }

8°. Au citoyen Baptiste l'aîné. . . . . 6,000 » »

9°. Au citoyen Desroziers. . . . . 3,000 » »

10°. A la citoyenne Thénard. . . . . 1,000 » »

11°. A la citoyenne Vanhove. . . . . 2,000 » »

12°. Au citoyen Baptiste jeune. . . . . 3,000 » »

13°. Au citoyen Dugazon. . . . . 2,400 » »

14°. A la citoyenne Patrat. . . . . 1,000 » »

15°. Au citoyen Berville. . . . . 600 » »

156,879 10 »

C. 28.   De l'autre part. 156,879   10   »

16°. A la citoyenne Devienne, convenu, 6,000.

       payé à compte, 1,500.   1,500   »   »

       reste dû, *Mémoire*, 4,500.

17°. A la citoyenne Vestris, en effets non payés, *Mémoire*, 5000 liv.

18°. A la citoyenne Bellecourt,

Pour cinq mois de gratification à 150 liv. par mois. 750 »

A la même, pour les représentations du *Bourgeois*   6,137   6   »
gentilhomme. . . . . 5,387 6.

19°. Au citoyen Dégligny, régisseur,

En général. . . . . 600.

17 fructidor, par Sageret. . . . . 600.

Fructidor au 15 frimaire. . . . . 870.

Nivôse, par Corneille. . . . . 300.   3,270   »   »

15 nivose, par Sageret. . . . . 300.

Nivôse, par Corneille. . . . . 600.

20°. A la citoyenne Coche, femme Vanhove,

Sur quatre récépissés de 200 liv. chaque. . . . . 800.

En billets payés. . . . . 2,700.   3,500   »   »

21°. Jettons du comité de lecture.   192   »   »

22°. Dépenses particulières dont le citoyen Sageret justifiera aux commissaires, pour intérêts de diverses sommes empruntées.   9,080   »   »

     Total. 180,558   16   »

CHAPITRE VI.

C. 29.

Droits d'enregistrement du bail du théâtre de la République, frais d'expertise, estimation du mobilier, etc.   4,800   »   »

     Total.   4,800   »   »

CHAPITRE VII.

C. 30. Patente de l'an six, 2,000 liv. dont moitié à la charge du théâtre Français.   1,000   »   »

     Total.   1,000   »   »

CHAPITRE VIII.

Fournisseurs.

C. 31.

Ventose.	231	16 »
Germinal.	618	13 »
Floréal.	113	15 6.
Prairial.	251	9 »
Messidor.	84	14 »
Thermidor.	»	» »
1er. fructidor au 18 dudit. . . .	1,699	5 »
19 fructidor au 15 frimaire. . .	10,524	» »
15 frimaire au 30 dudit. . . .	1,150	» »
Nivose.	3,582	18 »
A divers, dans le cours du même mois, sur quittances.	2,985	» »

C. 32. Illumination. Ventose. . . . . 847 »
Germinal. . . . . . 853 12.
Floréal. . . . . . 881 17.
Prairial. . . . . 844 » } 5,635 10 »
Messidor. . . . . 838 12.
Thermidor. . . . . 877 »
1er. au 19 fructidor. 403 9.

Nota. Le surplus des frais d'illumination du 19 fructidor au 1er. pluviose est compris dans la dépense ci-dessus. *Mémoire.*

C. 33. A divers ouvriers et marchands :
Cécile, menuisier. . . . . . 876 6.
Idem. . . . . 58 10. } 2,022 12 »
Idem. . . . . 1,087 16.

Au citoyen Auger, cloutier. . 127 »
Idem. . . . . 166 » } 576 15 »
Idem. . . . . 283 15.

Blanchard, illumineur. . . . 60 » »
Marc, papetier. . . . . . . 181 13 »
Blouet, fayencier. . . . . . 171 » »

29,289 » 6.

C. 33.	De l'autre part.		29,289	»	6.
	Marillier, costumier.		97	10	»
	Huet, chapelier.		49	10	»
	Lallemand, poëlier.		800	»	»
	Chabrier, ferblantier. . . . 86 9 6.				
	Idem. . . . . . . 220 2 6.		307	12	»
	Antoine, scieur de long. . . 350 » »				
	Idem. . . . . 73 4 »		423	4	»
	Godefer, marchand de planches. . . .		1,200	»	»
	Paulus et Reverard, marchands de toile.		422	3	»
	Boullet, pour faux frais.		48	8	»
	Ouizille, marchand mercier, pour objets relatifs à la tragédie :				
	Prairial. . . . . . 77 17 6.				
	Messidor. . . . . 117 16 »				
	Thermidor. . . . 14 12 6.		2,123	2	6.
	Vendémiaire. . . . 1,254 5 »				
	Brumaire. . . . 658 12 6.				
	Ballard, imprimeur, à compte sur divers mémoires.		1,500	»	»
	Mathis, décorateur, pour la pièce de *Falkland* et de *Michel Montaigne.*		4,000	»	»
	Protain, pour retouche de diverses décorations : Sur son reçu. . . . . . 120.				
	Idem. . . . . . . 150.		270	»	»
	Barbier, tapissier.		120	»	»
	Brésion.		92	»	»
	Total.		40,742	10	»

C. 34￼ ￼ **C H A P I T R E IX.**

Reconstructions et réparations.

Lors des comptes avec les ouvriers, on leur a remis partie en argent et partie en effets, dont quelques-uns ont été acquittés, d'autres sont encore dûs. — On a fait une colonne particulière des effets encore dûs. *Mémoire.*

Entrepreneurs et Fournisseurs	DATES des PAYEMENS	Décompte des sommes payées effectivement.	Total des payemens effectifs.	EFFETS NON PAYÉS. Échéances.	Sommes.
Francazel, menuisier.	20 messidor, an 6	4000 »		1er. pluviose	4000.
	9 thermidor.	2400 »			2000.
	26 idem	3000 »			
	Idem.	5000 »			
	11 floréal.	300 »			
	15 idem.	240 »	24643 »		
	29 idem.	1200 »			
	1er. vendémiaire, an 7.	1500 »			
	18 idem.	3000 »			
	29 idem.	3000 »			
	9 brumaire.	1000 »			
Bellet et Martin, maçons.	19 messidor, an 6.	2250 »		21 pluviose.	2000.
	9 thermidor.	3070 »			2000.
	15 idem.	2403 »	16300 »		
	18 fructidor.	7000 »			
	27 idem.	1000 »	11 nivose.	2000.
	13 vendémiaire.	600 »			
Balla, charpentier.	21 messidor.	3200 »		21 pluviose.	500.
	9 thermidor.	1000 »	7200 »		
	29 idem.	1000 »			
	1er. fructidor.			1er. ventose.	4000.
	2 messidor.	2000 »			
Boivin, peintre.	3 thermidor.	2000 »			
	3 fructidor.	480 »			
	11 idem.	800 »			
	14 idem.	500 »	4200 »		
	18 idem.	310 »			
	1er. frimaire.	»		15 nivose.	1100.
	Idem.	»		1er. pluviose.	800.
Dubois l'ainé, peintre.	19 messidor.	400 »			
	19 thermidor.	600 »			
	9 fructidor.	480 »			
	11 idem.	400 »			
	14 idem.	600 »			
	18 idem.	700 »			
	19 thermidor.	1800 »	6862 »		
	Citoyen Dufey.	232 »			
	2e. jour complémentaire.	600 »			
	28 vendémiaire.	300 »			
	22 idem.	» »		11 pluviose.	1800.
	4 frimaire.	250 »		11 nivose.	300.
	15 brumaire.	500 »			
Dubois jeune.	19 brumaire, mémoire acquitté.	1332 »			
			56514 »		

Entrepreneurs et Fournisseurs.	DATES des PAYEMENS.	Décomptes des sommes payées effectivement.	Totaux des payemens effectifs.	EFFETS NON PAYÉS.	
				Echéances.	Sommes.
De l'autre part.			56534 "		
C. 34.	19 messidor, an 6. . . .	1000			
	9 thermidor.	1000 "		11 plúviôse.	1000.
	29 idem.	1000 "			
	18 fructidor.	600 "		11 pluviôse.	1000.
Dufey.	1117			
	23 fructidor.	580 "			
	5e. jour complémentaire.	506 5			
Ravet.	14 vendémiaire. . . .	1000 "	9703 5		
	Idem.	"		15 frimaire.	1500.
	Idem.	600 "		17 nivôse.	1500.
	9 brumaire.	400 "			
	14 idem.	500 "			
	20 idem.	300 "			
	7 nivôse.	300 "			
Boquet, peintre.	30 thermidor. . . .	300 "	300 "		
	14 fructidor.	600 "			
Dauptais, papetier.	17 idem.	3600 "	4300 "	15 nivôse.	1000.
	20 frimaire.	"		25 pluviôse.	1000.
Cave, sculpteur.	11 thermidor.	500 "	2000 "	25 ventôse.	2000.
	29 idem.	600 "			
	14 fructidor.	400 "			
	13 vendémiaire, an 7. .	500 "			
	9 thermidor.	400 "			
	30 idem.	600 "			
Mézière, sculpteur.	11 vendémiaire.	"	2300 "	1er. ventôse.	1000.
	18 idem.	500 "			
	4 brumaire.	300 "			
	11 idem.	500 "			
	19 messidor.	150 "			
Henriette, sculpteur.	9 thermidor.	"	600 "		
	15 fructidor.	48 "			
	1 brumaire.	252 "			
	3 fructidor, an 6. . .	2000 "			
	10 idem.	1000 "			
	1er. vendémiaire, an 7. .	186 "		15 frimaire.	2000.
	9 idem.	100 "			
Rondet, tapissier.	23 idem.	"	4814 "	15 frimaire.	2000.
	11 brumaire.	500 "		15 nivôse.	1000.
	20 idem.	"		15 pluviôse.	1000.
	frimaire.	48 "		15 pluviôse.	1500.
Michalon, sculpteur.	2e. jour complémentaire.	300 "	300 "		
Lambin, vitrier.	16 brumaire, an 7. . .	300 "	300 "		
	18 fructidor, an 6. . .	450 "			
	30 idem.	300 "			
	19 vendémiaire.	300 "			
Lemaire, peintre décorateur.	14 brumaire.	500 "	2363 "		
	21 idem.	312 "			
	14 frimaire.	140 "			
	7 nivôse.	140 "			
	11 brumaire, an 7. . .	1000 "			
Lange, justrier.	21 frimaire.	1000 "	3000 "		
	23 nivôse.	1000 "			
Moreau.	à compte.	500 "	500 "		
Un carreleur.	5e. jour complémentaire.	420 "	660 "		
	15 brumaire.	240 "			
Cabanis, machiniste.	29 messidor, an 6. . .		266 "		
Lauriau, cordier.	15 brumaire.		1000 "		
*** , allumeur.	1er. jour complémentaire.		25 10	12 ventôse.	300.
Palaiseau, architecte.	4 brumaire, an 7. . .		1354 "	12 germinal.	300.
Chabrier.	9 nivôse.		500 "	10 ventôse.	700.
Brunier V garde-magasin.	11 frimaire.		466 13	10 germinal.	700.
Chomelle, vidangeur.	8 brumaire.		157 "		
Moreau, architecte.	à compte.		600 "		
		Total. . .	94333 7		

CHAPITRE X.

C. 35.

Argent resté entre les mains du citoyen Cormeille, caissier, à raison des oppositions survenues. . . . . 3,020 15 2.

Total. . . . . . 3,020 15 2.

CHAPITRE XI.

C. 35. *Payemens faits à compte de l'arriéré.* . . . .

A divers artistes. . . . . 3,317 5 »
Aux auteurs. . . . . 1,539 18 6.
Employés et postes. . . . . 480 17 8.
Pompiers. . . . . 345 » »

Total. . . . . . . 5,683 1 2.

RÉCAPITULATION DE LA DÉPENSE.

CHAPITRE Ier. . . . . 320,069 8 3.
II. . . . . 21,793 3 8.
III. . . . . 9,780 5 »
IV. . . . . 10,350 » »
V. . . . . 180,558 16 »
VI. . . . . 4,800 » »
VII. . . . . 1,003 » »
VIII. . . . . 40,742 10 »
IX. . . . . 94,232 7 »
X. . . . . 3,020 15 2.
XI. . . . . 5,683 1 2.

Total général de la dépense. . . . . 692,033 6 3.

RÉSUMÉ.

La dépense est de. . . . . 692,033 6 3.
La recette est de. . . . . 681,469 3 11.

La dépense excède la recette de. . . . . 10,564 2 4.

OBSERVATIONS.

1°. Indépendamment des 10,564 liv. 2 s. 4 den. dont le citoyen Sageret est en avance, il est encore dû, à cause du théâtre français de la République, pour honoraires d'auteurs, appointemens, mémoires de fournisseurs, etc. etc., un arriéré d'environ cent dix mille livres, ci. . . . 110,000 francs.

Et aux divers entrepreneurs pour solde des constructions et embellissemens, tant pour la salle que pour les loges d'acteurs, d'après les mémoires fournis (sauf les réglemens définitifs), environ cent quarante mille livres, ci. . . . . 140,000 francs.
_____
250,000 francs.

2°. Toutes les pièces justificatives à l'appui du compte, après avoir été présentées aux commissaires nommés par le citoyen ministre de l'intérieur, pour l'examen des comptes du citoyen Sageret, ont été de suite déposées chez le citoyen *Tiron*, notaire, rue Denis, au coin de celle du Ponceau.

N

OBSERVATIONS

Communiquées aux Commissaires nommés par le Ministre de l'Intérieur pour l'examen du compte du citoyen Sageret, relativement au théâtre de la République, le 3 ventose, an 7.

J'AI présenté le premier ventose à la commission les pièces à l'appui de mon compte général, et l'ai prié de m'entendre en présence de ceux qu'il lui plairoit d'appeler pour avoir les déclarations orales qu'elle désireroit,

Je livre à la commission les copies certifiées de plusieurs lettres écrites, ou au Directoire ou au ministre depuis le premier vendémiaire, an 6, jusqu'en pluviose dernier; les commissaires suivront la trace de mes opérations, et jugeront de la pureté de mes intentions comme de l'activité de mon zèle.

Si la commission veut connoître les moyens moraux que j'ai employés pour parvenir à des conciliations difficiles, je la prie de faire mander *indistinctement* tous ceux des artistes qu'elle jugera à propos, je conférerai en sa présence avec ceux qui se présenteront. Elle verra par quels moyens j'ai cherché à vaincre les préjugés d'opinions de quelques-uns et les difficultés d'amour-propre de presque tous.

Si la commission veut savoir jusqu'où j'ai porté la négligence de mes propres intérêts, et un désintéressement dont je suis victime aujourd'hui, je lui montrerai les tableaux de ma situation pécuniaire; elle verra que plus de 300,000 francs de dettes sont la suite d'une opération qui devoit être fructueuse à l'avenir, et me perdroit aujourd'hui ainsi que mes créanciers, si je n'avois pour ressource la justice du gouvernement, et pour asile mes conseils et les tribunaux.

RECETTE.

Reçu par les mains du citoyen Capon, banquier, par ordre du citoyen Verninac :

	le 21 pluviose.	18,000.
	le 1 ventose.	12,000.
	le 30 idem.	30,000.
An 6.	le 2 floréal.	6,000.
	le 6 idem.	6,000.
	le 19 idem.	15,000.
	le 29 idem.	50,000.
	le 3 messidor.	60,000.

Total en numéraire. . . . . 197,000.

Le citoyen Verninac ayant refusé de continuer à verser des fonds en numéraire, parce que l'opération qui le concernoit, et pour laquelle il avoit promis les versemens, ne se terminoit ni dans les bureaux du citoyen ministre des finances, ni à la trésorerie nationale, au lieu d'argent, on m'a fait remettre 1°. un paquet de cédules hypothéquaires de 100,000 francs ; 2°. quelques jours après, un autre paquet de ces mêmes cédules montant à 22,000 francs ; quelques-unes de ces cédules ont été négociées à très-grande perte (1), le reste n'a pu être encore vendu.

RECETTE.

En numéraire.	197,000.
Produit des cédules hypothéquaires.	20,000.
Total.	217,000.

(1). 1°. Ces cédules étoient pour la plus grande partie souscrites en pluviose de l'an 6, et acquittables en bons d'un tiers, d'après l'article 12 de la loi du 24 frimaire, an 6, sur la liquidation de la dette publique. A peine a-t-on pu trouver 20 pour cent de la plupart.

2°. Mes effets et reconnoissances pour la totalité de la somme sont encore entre les mains du citoyen Capon, banquier, place Vendôme.

DÉPENSE.

Observations préliminaires.

Qu'ai-je dû faire pour parvenir à réunion ?

1°. Appeler tous les sociétaires du théâtre de la République dans l'enceinte du théâtre Feydeau.

2°. Traiter avec quelques artistes précédemment engagés au théâtre Louvois (la citoyenne Mézeray, les citoyens Molé et Larochelle).

3°. Déterminer l'assentiment de ceux dès long-temps engagés au théâtre Feydeau, et dont les recettes et les efforts suffisoient à leur dépense.

1°. Le payement pendant sept mois des appointemens à Feydeau des seuls artistes du théâtre de la République, monte à, savoir :

Pour ventôse.	7,416 13 4.	
Pour germinal.	7,816 13 4.	
Pour floréal.	13,783 6 8.	
Pour prairial.	13,783 6 8.	84,150.
Pour messidor.	13,783 6 8.	
Pour thermidor.	13,783 6 8.	
Pour fructidor.	13,783 6 8.	

2°. Les appointemens de ceux de Louvois montent, savoir :

Citoyen Molé, sept mois à 2000 L.	14,000 " "	
Citoyenne Mézerai, sept mois à 1166 l. 13 s. 4 d. .	8,166 13 4.	28,000.
Citoyen Larochelle, sept mois à 833 L. 6 s. 8 d. .	5,83 6 4.	

3°. Les payemens des pots-de-vin, gratifications et avances mentionnés au cinquième chapitre du compte général (1); montent à. . . . . . . 180,558 16.

4°. L'enregistrement du bail du théâtre de la République, frais d'expertise, etc. etc. . . . . 4,800.

Total de la dépense. . . . . 297,508 16.

(1) Le compte général et toutes les pièces à l'appui ont été présentés aux citoyens ***, *** et ***, en présence du citoyen Mahérault, commissaire du directoire exécutif, le premier ventôse, an 7.

RÉCAPITULATION.

La dépense monte à. . . . . 297,508 16.
La recette à. . . . . 217,000.

Partant la dépense excède la recette de. . . . 80,508 16.

Nota. 1°. Dans ce compte il n'est nullement question des constructions et réparation de la salle, et cependant il est hors de doute qu'elles ont été faites au su du gouvernement, car le plan a été présenté :

1°. Au citoyen François de Neufchâteau, alors directeur, qui ne l'a regardé que très-légèrement, parce qu'il étoit au lit et souffroit d'une forte attaque de goutte ;

2°. Au citoyen-directeur Réveillère-Lépeaux, qui en a conféré long-temps avec le citoyen Moreau, architecte, et l'a examiné comparativement avec l'ancien plan ;

3°. Porté par le citoyen Moreau chez le citoyen directeur Rewbell ;

4°. Remis encadré au citoyen ministre des finances, dans l'appartement duquel il est resté.

2°. Cette reconstruction étoit un des moyens les plus séduisans pour attirer les artistes français de Feydeau ; puisqu'elle leur offroit indépendamment d'une salle majestueuse et favorable à la voix, des loges d'acteurs très-commodes qu'ils auroient la satisfaction de distribuer et de faire arranger à leur gré.

SAGERET.

TABLEAU

DES RECETTES ET DÉPENSES DE L'OPÉRA-FEYDEAU

PENDANT TOUT LE COURS DE L'AN VI.

RECETTE.		DÉPENSE.		
	liv. f.		liv. s. d.	
Vendémiaire.....	38,875 16.	Vendémiaire...	48,188 18 3.	
Brumaire.......	30,864.	Brumaire.....	44,568 10 5.	
Frimaire.......	37,393 11.	Frimaire.....	54,200 2.	
Nivose........	27,508 5.	Nivose.......	52,543 15 6.	
Pluviose.......	31,481 4.	Pluviose.....	42,285 16.	
Ventose.......	43,808.	Ventose......	43,436 15 1.	
Germinal.......	26,708 8.	Germinal.....	42,582 6 9.	
Floréal........	25,071 16.	Floréal......	38,072 6 8.	
Prairial........	19,457 11.	Prairial......	40,078 12 10.	
Messidor.......	16,549 2.	Messidor.....	38,572 19 9.	
Thermidor......	13,136 5.	Thermidor....	33,562 14 11.	
Fructidor.......	25,763 16.	Fructidor.....	30,183 10.	
Total.....	336,617 14.	Total.....	508,270 9.	

RÉCAPITULATION.

La dépense monte à .... 508,270 9.

La recette à......... 336,617 14.

Partant la dépense excède la recette de 171,652 15.

Nota. Ce tableau est fait d'après le relevé exact des comptes du caissier du théâtre Feydeau, appuyés des diverses quittances et pièces justificatives.

SAGERET.

CONCLUSION.

IL est évident qu'après avoir employé mon temps et ma fortune à la réunion des artistes-français, après avoir sacrifié mon repos à une opération utile aux arts, voulue par le gouvernement, et dont le succès a excité la rapacité de mes spoliateurs, je suis à découvert de plus de *quatre cent vingt mille francs*, *à cause du rétablissement du théâtre français de la République* ; je n'ai donc pu acheter ni terre, ni maisons, ni verrerie, etc. etc., comme il a plu à *certaines gens* de le publier.

J'ai dû convaincre de cette vérité *mes amis* et *mes ennemis*.

J'offre de donner aux citoyens Delamalle, Bonnet, Desèzo et Belard, hommes de loi, dont les noms commandent la confiance et qui sont, je crois, conseils du théâtre de la République, communication de *toutes les pièces* à l'appui des comptes et assertions produits dans ce mémoire.

Ils connoîtront en même-temps la nature des engagemens que j'ai souscrits pour me procurer des fonds, quand les secours sur lesquels je devois compter m'ont échappé. Je mettrai sous leurs yeux les preuves authentiques de l'exiguité des revenus de mon père, dont la calomnie n'a point épargné l'honorable médiocrité. Je leur montrerai le cautionnement donné par mon beau-frère à un capitaliste pour un versement de cent dix mille francs, et les actes notariés par lesquels, au mépris d'une séparation qui eût dû lui servir de ressource, ma femme (sous le nom de laquelle des imposteurs effrontés ont assuré que j'avois acheté des immeubles) s'est obligée, par son imprudente amitié pour moi, au-delà de sa modique fortune.

Si le mal est grand, il n'est pas à beaucoup près sans remède. Malgré mes ennemis, il me reste l'estime générale ; et si je l'avois perdue, la publicité que je donne aujourd'hui à ma conduite me la rendroit. Avec le succès de l'appel sur Feydeau et l'obtention d'une indemnité annuelle à cause de mes créances relatives au théâtre de la République, je réponds de tout.

SAGERET.

Brumaire, an 8.